마음을 움직이는
단 하나의 질문

마음을 움직이는
단 하나의 질문

펴낸날 2025년 10월 15일 1판 1쇄

지은이 이수경
펴낸이 金永先
편집 이교숙
디자인 한승주

펴낸곳 지니의서재
주소 경기도 고양시 덕양구 청초로 10 GL 메트로시티한강 A동 19층 A1-1924호
전화 (02) 719-1424
팩스 (02) 719-1404
출판등록번호 제13-19호

ISBN 979-11-94620-17-4 (03190)

> 지니의서재와 함께 새로운 문화를 선도할 참신한 원고를 기다립니다.
> 이메일 geniesbook@naver.com (원고 투고)

- 이 책은 저작권자와의 계약에 따라 발행한 것이므로 본사의 허락 없이는 어떠한 형태나 수단으로도 이 책의 내용을 사용하지 못합니다.
- 파본은 구입하신 서점에서 교환해 드립니다.

뇌과학과 심리학으로 풀어낸 실전 소통법

마음을 움직이는
단 하나의 질문

이수경 지음

지니의서재

목차

프롤로그 | 그 질문 하나가 마음을 열었다 _11

1장 말과 대화는 다르다
말은 넘쳐나는데, 대화는 사라졌다

1. 우리는 왜 대화가 힘들까? _23
2. 말은 '전달'하지만, 대화는 '연결'한다 _28
3. 오해는 왜 반복되는가? _33
4. 관계를 살리는 말, 관계를 망치는 말 _38
5. 혼잣말이 대화의 시작이다 _45

2장 듣지 않으면, 묻지 못한다
질문 이전에 '듣는 사람'이 되는 법

1. '듣는다'고 다 이해되는 건 아니다 _56
2. 상대를 이해하기보다 '평가'하려는 뇌 _61
3. 침묵이 주는 진짜 신호 _65
4. 경청은 말없는 질문이다 _69
5. 공감적 듣기, 감정의 공간을 만드는 힘 _73

3장　뇌과학으로 본 대화의 원리
대화는 감정의 뇌로 통한다

1　뇌는 공감할 때 변화한다　_85
2　스트레스에 사로잡히면 대화가 불가능하다　_89
3　질문은 뇌를 깨우는 도구　_95
4　말투가 뇌를 움직인다　_100

4장　질문은 마음의 문을 여는 열쇠
관계가 달라지는 질문

1　좋은 질문이 대화를 살린다　_110
2　"왜?" 보다 "어떻게?"　_116
3　하브루타, 질문으로 생각을 여는 기술　_122
4　갈등을 푸는 질문 vs 갈등을 키우는 질문　_128
5　"너는 어떻게 생각해?"의 힘　_134
6　질문에도 온도가 있다　_138

5장 AI 시대, 인간만이 할 수 있는 대화
정보는 AI에게, 마음은 인간에게

1. AI는 정보를 묻고, 인간은 마음을 묻는다 _149
2. 연결은 늘었지만, 관계는 줄어들었다 _154
3. 디지털 시대의 외로움 _159
4. 질문하지 않는 사회가 위험하다 _164
5. 인간만이 던질 수 있는 질문 _170
6. AI와의 대화 vs 인간과의 대화 _174

6장 관계를 살리는 대화 연습
회복은 말보다 감정 공간에서 시작된다

1. 화를 낼 때 뇌에선 무슨 일이 일어날까? _184
2. 감정을 말로 표현하는 연습 _190
3. '내가 옳다'는 착각 내려놓기 _195
4. 말 공부, 지금 시작해도 늦지 않다 _202
5. 회복적 질문으로 갈등을 푸는 법 _206

7장 질문하는 삶으로 전환하기
질문은 기술이 아니라 살아가는 방식이다

1 질문은 말보다 삶의 태도다 _219
2 하루를 여는 질문, 하루를 닫는 질문 _224
3 질문은 나를 확장하는 거울이다 _230
4 질문으로 성장하는 사람들의 패턴 _236
5 질문 루틴 & 7일 챌린지 실천 노트 _242

에필로그 _251

질문은 타인을 이해하는 길이자,
나 자신을 확장하는 거울이다.
상대에게 던진 질문은 동시에 내 안의 대답을 끌어낸다.
질문이 깊어질수록 관계도 깊어지고,
질문이 많아질수록 내 삶의 시야도 넓어진다.
좋은 질문은 곧 성장의 다른 이름이다.

프롤로그

그 질문 하나가 마음을 열었다

사람은 하루에도 수없이 많은 말을 주고받는다. 아침에 눈을 뜨자마자 건네는 인사, 회의 시간에 오가는 짧은 의견, 친구에게 털어놓는 고민, 그리고 아무도 듣지 못하는 내 마음속의 독백까지. 우리는 그렇게 끊임없이 말을 하며 살아간다. 그런데 문득 이런 생각이 든다.

'나는 지금, 진짜로 대화하고 있는 걸까? 아니면 그저 말을 흘려보내고 있는 건 아닐까?'

나는 오랫동안 교육 현장과 상담실에서 학부모, 교사, 청소년, 직장인, 리더 등 다양한 사람들을 만났다. 그들이 내게 가장 자주 했던 고백은 놀라울 만큼 닮아 있었다.

"아이와 말이 잘 안 통해요."
"진심은 있는데, 말로 잘 표현이 안 돼요."
"상대가 제 마음을 전혀 몰라주는 것 같아요."

이 말들 속에는 공통점이 있었다. 모두가 '말'은 하고 있었지만, 정작 '대화'는 하고 있지 않았다는 사실이다. 그래서 나는 되묻게 된다.

"당신은 지금, 말을 하고 있나요? 아니면 대화를 하고 있나요?"

✦ '말'은 배웠지만, '대화'를 배운 적이 없다

어릴 적부터 우리는 말하는 법을 배워왔다. 발음을 고치고, 문장을 다듬고, 발표력을 기르며, 때로는 비즈니스 화법까지 익혔다. 그러나 정작 감정을 어루만지는 말, 상처를 감싸는 말, 관계를 회복하는 말은 누구도 가르쳐주지 않았다. 오히려 "조용히 해라, 울지 마라, 참아야 한다."와 같은 말들 속에서 자신의 감정과 욕구를 숨기고 억누르는 법을 먼저 익혔다.

그 결과 말을 잘하는 사람은 되었지만, 마음은 점점 더 멀어졌다. 표현의 기술은 늘었지만, 진심은 자주 엇갈렸다. 나 또한 교육자로,

상담자로, 엄마로 살아오며 수많은 말을 해왔다. 그리고 그만큼 자주 말을 마친 뒤에야 밀려오는 후회의 순간을 경험했다.

'왜 나는 그렇게 말했을까.'
'그 아이의 표정을 왜 그때는 보지 못했을까.'
'내 말이, 혹시 상처가 되진 않았을까.'

이 물음들은 내 안에 오래 남았고, 결국 나를 '질문하는 사람'으로 이끌었다.

✦ 뇌는 '이해'받을 때 비로소 반응한다

하버드의 신경생리학자 스티븐 포지스 Stephen Porges 는 말한다.
"사람은 안전하다고 느낄 때만 진짜 대화가 가능하다."
우리의 뇌는 상대의 말을 들을 때 먼저 그것이 위협인지 아닌지를 가린다. 만약 무시당한다고 느끼거나 공격적인 말투가 전해지면, 뇌는 곧바로 방어 회로를 켜고 '생존 모드'로 들어간다. 그 순간부터는 어떤 조언도, 위로도, 설명도 닿지 않는다. 말은 소리로만 남고 의미는 사라져 버린다.

하지만 상대의 마음을 읽고, 거기에 조심스럽게 질문을 얹으면 상황은 달라진다.

"그때 어떤 마음이었어?"
"지금, 괜찮아?"
"내가 도와줄 수 있는 게 있을까?"

이런 질문들은 상대의 뇌에 '지금은 안전하다'는 신호를 보낸다. 그 신호는 감정의 문을 열고 공감의 회로를 켜며, 마음의 긴장을 서서히 풀어준다. 질문 하나가 단단히 닫혀 있던 마음의 빗장을 풀고, 진정한 대화의 출발점이 되는 것이다. 따라서 나는 말을 꺼내기 전에 먼저 질문하는 법을 연습하기 시작했다.

우리는 흔히 말을 통해 문제를 해결하려 한다. 하지만 때로는 말이 닫힌 마음을 더 세게 두드릴 뿐이다. 그러나 질문은 다르다. 질문은 마음을 여는 열쇠가 된다.

지금, 당신이 가장 듣고 싶은 말은 무엇인가?
그리고 마지막으로, 그 마음을 누군가에게 조심스럽게 물어본 적이 있는가?

작은 질문 하나가 오늘 누군가의 마음을 열 수 있다면, 그것만으로도 충분히 큰 변화가 일어난다. 그 가능성을 믿기에, 나는 오늘도 질문을 던진다.

♦ 말보다 질문

이 책은 바로 그런 질문들에서 출발했다. 나는 교육 현장과 상담실, 강의실에서 질문이 가진 힘을 수없이 목격했다. 질문 하나가 어린아이의 마음을 열고, 지친 부모를 위로하며, 단절된 관계에 다시 다가갈 용기를 주는 순간들을 보았다.

그래서 나는 묻고 싶다.
'왜 우리는 말을 많이 나누는데도, 관계는 점점 더 어려워지는 걸까?'
'왜 아이는 내 말을 들으려 하지 않을까?'
'AI마저 말을 하는 시대에, 인간만이 할 수 있는 진짜 대화란 무엇일까?'

이 책은 그 물음에 대한 작은 탐구이다. 질문은 단순히 정보를 얻는 수단이 아니다. 질문은 연결이고, 공감이며, 회복이다. 『말보다 질문』은 뇌과학과 심리학, 그리고 실제 교육 현장의 경험을 바탕으로 관계를 변화시키는 대화의 본질을 담고자 했다.

나는 바란다. 이 책을 읽는 당신이, 말보다 더 깊은 질문을 시작하길. 그 질문 하나가 당신의 마음을 열고, 또 다른 누군가의 마음을 이어주는 새로운 길이 되기를.

저자 이수경

1장

말과 대화는 다르다

> 말은 정보를 전달하지만, 대화는 마음을 건네는 일이다.
> 진심으로 말했는데도 오해가 생길 때가 있다.
> 우리는 말을 많이 하지만, 대화는 점점 사라지고 있다.
> 공감했다고 믿었지만, 상대는 여전히 외롭다고 느낀다.
> 말은 기술이지만, 대화는 태도이고 삶의 방식이다.
> "지금 당신의 말은 진짜 대화인가요?"

말은 넘쳐나는데, 대화는 사라졌다

'내가 말을 잘못했나?'

　사람들과 이야기를 나눈 뒤, 돌아서는 길에 자꾸 마음이 머물렀다. 그 말은 진심이었다. 도움이 되고 싶었고, 조심스레 마음을 건넨 것뿐이었다. 하지만 무언가 어긋났다. 상대의 표정은 굳어 있었고, 반응은 차가웠다.
　그제야 알았다. 우리가 나눈 것은 '대화'가 아니었다는 것을, 말은 오갔지만 마음은 닿지 못한 채 스쳐 지나갔다는 것을. 대화가 끝난 한참 후에야 깨달았다.
　대화는 왜 이렇게 어려운 걸까? 서로를 아끼고 이해하고 싶은 마음이 있어도 오해는 반복되고, 진심은 왜곡되며, 가까웠던 마음이 멀어지기도 한다.

아이에게 "너를 위해 하는 말이야."라며 건넨 말은 잔소리로 들리고, 친구에게 "걱정돼서 그래."라며 전한 한마디는 비난처럼 받아들여지기도 한다.

'도대체 어디서부터 어긋난 걸까?'

1장에서 나누고자 하는 이야기는 '말'과 '대화'의 본질에 대한 것이다. 우리는 매일 무수히 많은 말을 쏟아내며 살아간다. 회의 중에도, 가정에서도, SNS의 짧은 문장들 속에서도, 때론 스쳐 지나가는 거리 한복판에서도 끊임없이 말을 한다. 하지만 그렇게 흘려보낸 말들 속에 진짜 '대화'는 과연 얼마나 담겨 있을까.

말은 정보를 전달하는 도구에 불과하다. 그러나 대화는 '마음을 건네는 일'이다. 말은 입과 혀로 하지만, 대화는 귀와 눈, 뇌와 마음, 그리고 그 사이를 잇는 관계 전체가 함께 참여할 때 비로소 이루어진다.

<u>말은 나를 드러내지만, 대화는 상대를 담아낸다. 그래서 대화는 기술이 아니라, 태도이며 마음의 방식이다.</u>

1장에서 함께 던지고 싶은 질문은 다음과 같다.

- 우리는 왜 진짜 대화를 하고 있다고 착각하는가?
- 말이 많아질수록 대화는 왜 더 줄어드는가?
- 분명 진심이었는데, 왜 그 말은 종종 공격처럼 받아들여지는가?
- 어떤 말은 관계를 살리고, 어떤 말은 관계를 무너뜨리는가?

나는 교육자이자 상담자, 그리고 엄마로서 참 많은 '말'을 해왔다. 누군가를 격려하고, 위로하고, 설득하고, 돌보기 위해 애써온 날들이었다. 하지만 지금 돌아보면, 그 많은 말 중 절반은 진짜 '대화'가 아니었다는 사실을 조심스럽게, 그러나 솔직히 고백할 수밖에 없다.

<u>말은 전해졌지만 마음은 닿지 않았고, 조언은 했지만 관계는 멀어졌다. 나는 공감했다고 믿었는데 상대는 여전히 혼자였다.</u>

그래서 나는 다시, 묻고자 한다. 진짜 대화는 무엇이며, 어떻게 가능할까? 이 책을 펼친 당신에게도, 같은 질문을 건네고 싶다.

"지금 당신의 말은 진짜 대화인가요?"

우리는 왜 대화가 힘들까?

"우리는 서로를 이해하기 위해 말하지만,
대부분은 자신을 보호하기 위해 말한다."
― 데이비드 봄David Bohm

 며칠 전, 중학교 2학년 아이와 상담을 나누던 중이었다. 그동안 좀처럼 속마음을 드러내지 않던 아이가 조용히 입을 열었다.
 "그냥요… 아무 말도 안 하고 싶어요. 말하면 더 피곤해져요."
 나는 아이의 눈을 들여다보았다. 입은 닫혀 있었지만, 그 눈빛은 분명히 이렇게 말하고 있었다.
 "나는 지쳤어요. 말해도 달라지지 않아요. 누군가 내 마음을 좀 알아줬으면 좋겠어요."

이건 단지 한 아이의 이야기가 아니다. 부모도, 교사도, 배우자도, 직장 동료도… 많은 이가 비슷한 마음을 털어놓는다.

"말하면 오히려 더 상처받아요."
"이제는 대화 자체가 부담이에요."
"진심으로 말해도 통하지 않아요."

✦ 말이 넘치는 시대, 왜 대화는 점점 어려워지는가?

현대인은 하루 수십, 수백 개의 메시지를 주고받는다. 카톡, 문자, 댓글, 메일, 줌 회의까지. 기술은 우리를 놀라울 만큼 빠르게 연결해주지만 정작 마음은 점점 더 멀어지고, 사람들은 예전보다 더 깊은 외로움을 느낀다. 이는 단순한 '소통의 문제'가 아니다. '진짜 대화의 부재'에서 비롯된 감정적 단절이다.

커뮤니케이션 심리학자 드보라 태넌 Deborah Tannen은 이 현상을 "우리는 대화를 나눈다고 믿지만, 실제로는 교차하는 독백을 주고받을 뿐이다."라고 설명한다. 하버드 의대 신경과학자 스티븐 포지스는 '다중신경이론 Polyvagal Theory'을 통해 그 이유를 한층 더 깊이 들여다본다.

"사람은 신경계가 '안전하다'고 느낄 때에만 진짜 대화가 가능하다."

누군가와 마주 앉는 순간, 우리의 뇌는 가장 먼저 판단한다. '이 사람이 나를 공격할까? 평가하려는 건 아닐까?' <u>말투, 표정, 말의 속도와 억양, 분위기 속 미세한 에너지</u>까지 그 안에 비난의 기운이 감지되면, 뇌는 곧바로 편도체를 통해 방어 모드에 돌입한다. 그 순간부터 상대는 듣고 있는 '<u>척</u>'만 할 뿐, 실제로는 아무것도 받아들이지 않는다. 그리고 이런 경험이 반복되면, 결국 자신에게 이렇게 말하게 된다.

"말해 봤자 소용없어."
"차라리 침묵이 낫겠어."

그렇다면 이 불통의 고리를 어떻게 끊어야 할까? 답은 그리 거창하지 않다. 대화는 설득이 아니라, '이해하려는 태도'에서 시작된다. 말을 잘하려 애쓰는 대신 먼저 '들을 준비'가 되어 있는가를 자신에게 물어보자.

말을 익히는 데는 오랜 시간이 걸리지 않는다. 하지만 진짜 대화는 꾸준한 연습과 성찰, 그리고 태도의 전환이 필요하다. 그렇다면 우리는 얼마나 자주, 이해하려는 마음으로 말을 건네고 있을까?

✦ 사례 비교 – 말 vs 대화

상황	말	대화
아이가 방을 어질렀을 때	"이거 또 안 치웠니?"	"무슨 일 있었어? 평소보다 방이 많이 어지럽네."
배우자가 늦게 왔을 때	"왜 또 연락 안 했어?"	"오늘 많이 바빴나 봐. 괜찮아?"
직원이 실수했을 때	"이거 또 틀렸잖아."	"이 부분 다시 한번 같이 살펴볼까?"

우리는 대부분 '말하는 법'은 배워왔지만, '대화하는 법'은 배운 적이 없다. 심지어 감정을 드러내지 않는 것이 어른스러운 태도라고 믿으며 자라왔기에 감정을 표현하거나 받아들이는 일에 서툴 수밖에 없다.

그러나 뇌과학에서는 감정이 억눌릴수록 소통은 불가능해지며, 반대로 질문이 있고, 공감이 따를 때 우리의 뇌는 비로소 '지금은 안전하다'고 느끼며 그제야 진짜 대화가 시작된다.

✦ 지금, 마음에 새겨야 할 문장

- 말이 넘치는 시대일수록, 대화는 더 깊은 질문과 경청을 필요로 한다.
- 뇌는 안전하다고 느낄 때에만 듣고, 공감하고, 진심을 나눈다.

> ▶ 오늘의 질문
> 나는 오늘 '말'을 했는가, 아니면 '대화'를 했는가?
> 지금 내가 가장 자주 사용하는 말은 '이해하려는 언어'인가,
> '지시하는 언어'인가?

말은 '전달'하지만, 대화는 '연결'한다

"상대는 당신의 말을 기억하지 않지만,
그 말이 어떻게 느껴졌는지는 평생 기억한다."
– 마야 안젤루 Maya Angelou

학부모 강의 중, 한 어머니가 조심스럽게 손을 들었다.

"선생님, 저는 아이에게 늘 좋은 말만 해요. 공부가 얼마나 중요한지, 지금이 얼마나 중요한 시기인지, 그런데 아이는 전혀 들으려 하지 않고, 오히려 짜증만 내요. 도무지 이해가 안 돼요."

나는 어머니의 말을 듣고 잠시 침묵한 뒤 물었다.

"그 말씀을 하실 때, 아이의 표정은 어땠나요?"

그녀는 한참 생각하다가 고개를 떨궜다.

"… 기분 나쁜 얼굴이었어요."

나는 안다. 그 어머니는 잘못된 말을 한 것이 아니다. 오히려 '정확한 말'을 했고, '아이를 위한 말'이었다. 하지만 아이는 그 말을 '공격'으로 받아들였다. 왜 이런 일이 생기는 걸까?

✦ 말보다 먼저 도착하는 것은 '느낌'이다

우리는 흔히 말의 '내용'을 중심으로 소통한다고 믿는다. 하지만 인간의 뇌는 말을 들을 때, 가장 먼저 '감정'을 읽는다.

미국 UCLA의 심리학자 알버트 메라비언Albert Mehrabian은 커뮤니케이션 효과의 93%가 말의 '내용'이 아니라 표정, 억양, 몸짓, 속도와 같은 비언어적 요소에 의해 결정된다고 밝혔다. 즉, '무엇을 말하느냐'보다 '어떻게 말하느냐'가 훨씬 더 강력하게 전달된다는 뜻이다.

"지금 공부 안 하면 나중에 힘들어." 이 말은 '걱정'에서 나온 말일지 몰라도, 듣는 아이에겐 '압박'으로 들릴 수 있다. "엄마는 너 잘되라고 그러는 거야." 이 말 역시 '사랑'이 담겨 있지만, 때론 '비난'처럼 다가온다.

말이 잘못된 것이 아니다. 문제는 그 말이 어떤 '느낌'으로 남았는가에 있다. 말의 의도와 실제 전달된 영향 사이에는 늘 '감정'이라는 간극이 존재한다. 하버드 의대의 뇌과학자 질 볼트 테일러 Jill Bolte Taylor 는 이렇게 말한다.

"감정이 동반된 기억만이 뇌에 깊이 각인된다."

아무리 논리적이고 정확한 말이라도 그 안에 감정이 깃들지 않으면, 뇌는 오래도록 그것을 기억하지 않는다. 또한 감정이 상한 상태에서는 아무리 옳은 말도 무의미해지고, 때로는 그 말 한마디가 관계를 더 깊이 상하게 하기도 한다.

우리가 오래도록 마음에 품는 것은 그 말의 '정보'가 아니라, 그 말이 남기고 간 감정의 흔적이다.

✦ 같은 말, 다른 느낌

상황	'말' 중심 표현	'감정' 중심 표현
아이가 시험을 망쳤을 때	"그래서 몇 점 받았어?"	"속상하지 않았어?"

배우자가 실수를 했을 때	"그걸 또 깜빡한 거야?"	"요즘 많이 피곤한가 보다."
친구가 연락을 안 했을 때	"왜 연락 안 했어?"	"혹시 무슨 일 있었던 건 아니지?"

말은 겉으로 보기엔 비슷할 수 있다. 하지만 그 말이 품고 있는 '정서적 에너지'는 전혀 다를 수 있다. 위의 <말 중심 표현>에서는 '확인'을 향하고, <감정 중심 표현>에서는 '이해'를 향한다.

우리는 흔히 '무슨 말을 했는가'에 집중하지만, 관계에 오래 남는 것은 언제나 '그 말이 내게 어떤 감정을 남겼는가'이다.

✦ 지금, 마음에 새겨야 할 문장

- 말은 정보를 전달하지만, 대화는 감정을 연결한다.
- 기억에 오래 남는 것은 말의 내용이 아니라, 그 말이 남기고 간 느낌이다.

▶ 오늘의 질문

나는 지금, '무엇을 말하느냐'보다 '어떻게 말하고 있느냐'를 점검하고 있는가?

상대는 내 말보다 내 '느낌'을 어떻게 받아들이고 있을까?

오해는 왜 반복되는가?

"우리가 타인의 말에 과민하게 반응하는 이유는,
그 말이 '지금의 말'이 아니라 '이전의 상처'를 건드렸기 때문이다."
— 버넌 하워드Vernon Howard

상담 중 만난 초등학교 6학년 아이가 머뭇거리며 말했다.
"그 선생님은 저를 싫어해요."
왜 그렇게 느꼈냐고 묻자, 아이는 주저하지 않고 답했다.
"전에 '그건 네가 잘못한 거야.'라고 하셨어요."
그 말이 마음 깊숙이 꽂히면서 그날 이후 선생님의 모든 말이 꾸짖는 말처럼 들리기 시작했다고 한다. 그러나 그 선생님께 자초지

종을 여쭤보니 그는 아이를 돕고 싶었다고 했다. 단호한 피드백이 필요하다고 판단했을 뿐, 혼내려는 의도는 없었다는 것이다. 하지만 그 한마디는 아이의 마음에 도장이 찍히듯 깊고 선명하게 남아 있었다.

✦ 감정은 과거를 소환하고, 뇌는 그 기억에 반응한다

우리 뇌에는 '편도체'라 불리는 감정 처리 센터가 있다. 이곳은 생존을 위해 위협을 빠르게 감지하고 즉각 반응한다. 특히 부정적인 감정 경험은 뇌에 더 깊이 각인되며, 유사한 상황이 닥치면 뇌는 자동으로 그 감정을 불러낸다. 뉴욕대 심리학자 조지프 르두Joseph LeDoux는 이렇게 말한다.

"감정 반응은 이성적 사고보다 두 배 이상 빠르며, 뇌 안에 마치 고속도로처럼 별도의 경로를 따라 움직인다."

즉, 우리가 누군가의 말을 오해할 때는 그 말 자체보다도 과거의 상처와 연결된 요소인 익숙한 어조, 특정한 단어, 낯선 표정에 반응하고 있을 가능성이 크다. 나는 지금 대화를 나누고 있지만, 뇌는 이미 오래된 상처로 되돌아가 있는지도 모른다. 심리학자 에릭 번 Eric Berne의 '자아 상태 이론'에 따르면, 우리는 대화 중 무의식적으로 세 가지 자아 상태를 오가며 반응한다.

① 부모 자아 – 명령하고 판단하는 말투
② 성인 자아 – 현재의 정보로 이성적으로 대응
③ 아동 자아 – 감정 중심의 반응

이 중에서도 과거의 상처가 깊고 반복될수록 우리는 쉽게 '아동 자아'로 흔들린다. 감정은 성숙한 사고보다 앞서 달리고, 그 결과 비합리적인 반응, 감정의 폭발, 관계에 대한 회피로 이어진다. 상대는 '지금'을 이야기하고 있지만, 나는 여전히 '그때'에 반응하고 있는 것이다.

✦ 반복되는 오해의 흔적들

"나는 그런 뜻이 아니었는데…."
"왜 저 사람은 늘 나를 오해할까?"
"말을 하면 할수록 더 멀어지는 느낌이에요."

"아무리 설명해도 안 통해요."

이런 말을 반복하고 있다면, 그 안에는 언어의 문제가 아니라 감정 회로에 남은 흔적이 숨어 있을 가능성이 크다. 그 회로를 끊지 않는 한 대화는 늘 같은 자리에서 어긋나고, 우리는 또다시 이렇게 말하게 된다.

"소통이 안 돼요."

상담 현장에서 자주 호소하는 얘기가 있다.
"지금 이 말이 힘든 게 아니라, 과거의 감정이 함께 올라오기 때문에 더 아픈 거예요."
<u>예전에 무시당한 경험이 있는 사람은 단순한 조언조차 '무시'로 받아들이고, 늘 비교당하며 자란 사람은 '다른 사람은 이렇게 했는데…'라는 말 한마디에 억울함과 분노가 순식간에 치솟는다.</u>
이처럼 오해는 지금, 이 순간의 말에서 비롯되는 것이 아니다. 이미 지나간 감정, 아직 다 아물지 않은 상처에서 비롯된다. 그리고 그 감정이 제대로 다뤄지지 않은 채 마음속에 남아 있다면, 대화는 늘 같은 자리에서 부서지고 만다.

✦ 지금, 마음에 새겨야 할 문장

- 오해는 상대의 말에서 비롯되는 것이 아니라, 내 안에 남아 있던 감정의 상처에서 되풀이된다.

> ▶ 오늘의 질문
>
> 나는 지금, 어떤 과거의 감정으로 상대의 말을 듣고 있는가?
> 반복되는 오해 속에서 되짚어야 할,
> 내 안의 감정 자동회로는 무엇인가?

관계를 살리는 말, 관계를 망치는 말

"말은 도구이자 무기다.
한 사람을 일으킬 수도 있고,
무너뜨릴 수도 있다."
– 나탈리 로저스 Natalie Rogers

직장인 A 씨가 상담 중 조심스럽게 털어놓았다.

"팀장님이 저한테 '그건 기본도 안 된 일이야.'라고 하셨는데, 그 말을 듣고 한동안 아무 말도 못 했어요. 제가 실수한 건 알지만, 굳이 그렇게까지 말씀하셔야 했는지 모르겠어요."

그녀는 억울하다고 말했다. 그리고 시간이 흐른 뒤, 이렇게 덧붙였다.

"이젠 그분이 무슨 말을 해도, 그냥 또 나를 깎아내리는 말처럼 들려요."

나중에 팀장의 이야기를 들어보니 그 말속에는 '믿고 있기 때문에 더 잘해 주길 바란다'는 기대가 담겨 있었다고 한다.

의도는 믿음이었지만 전달된 것은 상처였고, 그 상처는 결국 관계의 문을 닫아버렸다. 좋은 마음으로 꺼낸 말이 오히려 단절을 만들었다. 이처럼 말 한마디가 자존감을 무너뜨리고 관계 전체를 흔들 수 있다.

✦ 말은 관계를 살릴 수도, 망칠 수도 있다

말은 단지 정보를 전달하는 수단이 아니다. 말은 곧 감정이다. 그리고 그 감정은 상대의 자존감에 깊은 흔적을 남긴다. 심리학자 존 가트만John Gottman은 부부 갈등에 관한 연구에서 이렇게 말한다.

"말의 본질은 내용이 아니라 '태도'다. 비난과 냉소가 섞인 말은 관계를 독처럼 무너뜨린다."

특히 가까운 관계일수록 말의 파급력은 훨씬 더 크다. 가까운 사이에서는 말의 내용보다 그 말에 실린 감정의 뉘앙스를 더욱 민감하게 받아들이기 때문이다. 이 현상은 신경과학적으로도 설명된다. 하버드 의대의 제임스 그로스James Gross 교수는 "위협적으로 들리는 언어는 뇌의 방어 시스템을 작동시키고, 공감 회로를 차단한다."라고 강조한다. 결국 상대가 듣는 것은 '무엇을 말했는가'보다 '어떻게 느껴졌는가'이다.

◆ **직장에서**

상황	관계를 망치는 말	관계를 살리는 말
실수했을 때	"이건 기본도 안 돼 있네."	"이런 실수는 누구나 해요. 같이 해결해 봐요."
업무가 지연될 때	"왜 이것밖에 못 했어?"	"어디에서 막혔는지 함께 볼까요?"
회의 중 의견이 엇갈릴 때	"말 되는 소리를 해."	"좋은 시각이에요. 다만 이런 우려도 있어요."

말의 선택과 말투는 상대가 느끼는 존중의 정도를 결정짓는다. 우리가 전하는 것은 단순한 정보가 아니라 그 말에 담긴 뉘앙스다.

✦ 가정에서

상황	관계를 망치는 말	관계를 살리는 말
아이가 실망스러운 성적을 받았을 때	"그럴 줄 알았어."	"힘들었겠다. 어디서 막혔는지 같이 얘기해 볼까?"
배우자가 약속을 잊었을 때	"또야? 도대체 몇 번째야?"	"당신 바쁜 건 알지만, 오늘은 좀 서운했어."
부모님이 반복된 잔소리를 할 때	"그 얘기 또 해?"	"네, 제가 아직 부족하단 걸 느껴요."

가족은 우리가 가장 쉽게 말을 함부로 하게 되는 대상이다. 하지만 동시에 가장 쉽게 회복되거나 가장 쉽게 깨질 수 있는 관계이기도 하다.

✦ 연인 관계에서

사랑의 관계는 한마디 말에 의해 더욱 단단해지기도 하고, 쉽게 무너지기도 한다. 같은 상황이라도 어떤 표현을 택하느냐에 따라 신뢰는 한층 깊어질 수 있다.

상황	관계를 망치는 말	관계를 살리는 말
연락이 늦었을 때	"또 무시했어?"	"혹시 무슨 일 있었어? 괜찮아?"
서운함이 쌓였을 때	"넌 날 진짜 몰라."	"나는 이런 상황에서 좀 속상해. 네 입장도 듣고 싶어."
상대가 피곤해 보일 때	"또 그 표정이네."	"요즘 좀 지쳐 보여. 내가 해 줄 수 있는 게 있을까?"

✦ **교육 현장에서**

상황	관계를 망치는 말	관계를 살리는 말
학생이 과제를 하지 않았을 때	"이건 책임감도 없는 거야."	"요즘 좀 힘든 일이 있었던 건 아니니?"
성적이 떨어졌을 때	"이게 네 수준이지 뭐."	"이번 결과가 속상했지? 다음에는 다르게 해 볼 수 있어."
발표를 잘못했을 때	"그렇게 해서 어디 가겠어?"	"시도한 것 자체가 멋졌어. 다음엔 더 나아질 거야."

교사의 한마디는 학생의 자존감 형성에 결정적인 영향을 준다.

'나는 할 수 있다'라는 자기 신뢰도, '나는 안 된다'라는 자기부정도 결국 말에서 비롯된다.

✦ 친구 관계에서

상황	관계를 망치는 말	관계를 살리는 말
함께할 계획이 틀어졌을 때	"넌 항상 이래."	"이번엔 좀 아쉽지만, 다음엔 꼭 같이 하자."
고민을 털어놨을 때	"그건 네가 문제지."	"그런 일이 있었구나. 네 입장에서 들으니 이해돼."
실수를 지적할 때	"그걸 왜 그렇게 했어?"	"그때는 어떤 생각이 있었던 거야?"

친한 친구 사이에서는 '직설적인 표현'이 허용된다고 착각하기 쉽다. 하지만 우정 또한 배려에서 나온다. 관계를 망치는 말에는 "그럴 줄 알았어.", "또 그랬네.", "그건 네가 문제야."처럼 상대를 향한 단정적이고 비난 중심의 언어가 숨어 있다.

반면, 관계를 회복시키는 말은 이해와 여백을 담고 있다. "그럴 수도 있지.", "그땐 어떤 마음이었을까?", "같이 방법을 생각해 보자."

이런 말은 상대의 방어를 풀고, 신뢰를 쌓게 한다. 말이 달라지면 사람도, 관계도 달라진다. 존중이 담긴 말은 마음의 문을 열게 하고, 함께 나아갈 길을 만든다.

✦ 지금, 마음에 새겨야 할 문장

- 관계를 망치는 말은 단정적이고 닫혀 있으며, 관계를 살리는 말은 이해와 포용으로 열려 있다.

> ▶ 오늘의 질문
> 나는 누군가에게 '상처가 되는 말'을
> 무심코 반복하고 있지는 않은가?
> 오늘 내가 다시 시작하고 싶은 관계가 있다면,
> 어떤 말부터 바꿔볼 수 있을까?

혼잣말이 대화의 시작이다

"자기 자신과 제대로 대화할 줄 아는 사람만이
타인과도 진짜 대화를 할 수 있다."
― 칼 로저스Carl Rogers

'괜찮아, 잘하고 있어.'
'왜 또 이런 선택을 했을까?'
'다시 시작하면 되는 거잖아.'

 누군가에게 건네는 말처럼 들리지만, 사실 이 말들은 대부분 혼자 일 때 자기 자신에게 속삭이는 말이다. 우리는 하루에도 수십 번, 어쩌면 그보다 훨씬 자주, 자신과 대화를 나눈다. 이른바 '혼잣말'이다.

혼잣말은 단지 습관이 아니다. 그것은 내가 나를 어떻게 바라보는지를 드러내는 가장 '정직한' 언어이며, 모든 대화가 시작되는 가장 깊은 지점이다.

우리는 타인과 소통하기 위해 언어를 배우고 표현을 연습한다. 하지만 정작 '자기 자신'과는 얼마나 자주, 얼마나 솔직하게 마주하고 있을까? 내가 나를 대하는 태도는 고스란히 타인을 대하는 태도로 확장된다. 자기 자신에게 따뜻한 사람이 타인에게도 온기를 전할 수 있고, 자신을 늘 비난하는 사람은 타인의 실수에도 냉정해지기 쉽다.

혼잣말의 어조, 내용, 빈도는 자기 내면의 정서를 빚어낸다. 그리고 그 정서는 다시 말투, 표현, 관계 방식에까지 영향을 미친다.

✦ 혼잣말은 두 종류로 나뉜다

1. **자동적 혼잣말**

    '아 진짜 바보같이 왜 그랬지?', '역시 난 안 돼'
    → 대부분 무의식적으로 튀어나오며, 자신을 깎아내린다.

2. 의식적 혼잣말

'지금 내 마음은 어떤 상태지?', '내가 진짜 원하는 건 뭘까?'

→ 자기 자신과의 '질문 대화'로 이어지며, 성찰을 이끄는 내면의 언어가 된다.

우리가 습관처럼 내뱉는 혼잣말은 자기 자신을 어떻게 인식하는지를 규정하고, 감정을 형성하며, 나아가 타인과 맺는 관계의 방식까지 결정짓는다. 신경과학자 안드레아스 카플란Andreas Kaplan은 "뇌는 우리가 무슨 말을 '하는가'만큼, 무슨 말을 '듣는가'에도 민감하다."라고 말한다.

혼잣말 역시 뇌에는 외부의 말과 다르지 않다. 따라서 반복되는 부정적인 혼잣말은 뇌의 신경회로에 그대로 각인되며, 자아 이미지와 정서 반응을 서서히 바꿔나간다.

반면, 의식적인 자기 격려와 감정의 긍정적 인식은 스트레스 완화, 자존감 회복, 문제해결 능력 향상에 기여한다는 연구 결과가 있다. 이처럼 혼잣말은 감정을 조절하고, 자기 자신을 돌보는 가장 직접적이고 효과적인 방식이다.

✦ 혼잣말로 '대화 감각'을 훈련하는 법

- 감정이 올라올 때, '무엇을 느끼고 있는가?'라고 자신에게 질문해 보기.
- 실수했을 때, '왜 그랬을까?'보다는 '다음엔 어떻게 할까?'로 전환하기.
- 아침과 저녁, 하루를 여닫는 질문을 자신에게 해 보기.
"오늘 내가 나에게 가장 고마운 점은?", "내일 내가 나답게 살려면?"

혼잣말을 바꾸는 일은 말버릇을 고치는 것보다 더 어렵다. 하지만 그만큼 더 근원적이고 깊은 변화로 이어진다. 자기 내면과의 정직한 대화 없이는 그 누구와도 진심으로 마주 설 수 없다. 따라서 오늘부터 혼잣말을 바꿔보자. 하루가 끝나는 자리에서 이렇게 자신에게 말해 보면 어떨까?

"오늘 힘들었지. 그래도 여기까지 온 너, 정말 잘했어."
"실수도 있었고, 놓친 것도 있었지만 그게 전부는 아니야."
"내일은 조금 다르게 말해 보자. 나 자신에게도, 타인에게도, 더 다정하게."

이건 누구에게 보여 주기 위한 말이 아니다. 오직 나를 위한 말이다. 하지만 그 말이 나를 바꾸고, 바뀐 내가 결국 더 나은 대화를 시작하게 된다.

✦ 지금, 마음에 새겨야 할 문장

- 혼잣말은 내가 나 자신과 맺는 첫 번째 관계이며, 그 결이 모든 대화의 바탕이 된다.

> ▶ 오늘의 질문
>
> 당신은 오늘, 자신에게 어떤 말을 들려줬나요?
> 그 말은 나를 지지하는 말이었나요,
> 아니면 자신을 깎아내리는 말이었나요?

2장

듣지 않으면, 묻지 못한다

> 좋은 질문은 잘 듣는 데서 출발한다.
> 듣지 않는 질문은 상대의 마음을 열 수 없다.
> 상대의 답을 들을 준비가 없는 질문은, 자기 말하기일 뿐이다.
> 진정으로 들을 때만, 감정이 머물 수 있는 공간이 열린다.
> 또한 판단을 내려놓아야만 상대의 이야기가
> 자연스레 흘러나오며, 질문은 결국 경청에서 비롯된다.

질문 이전에 '듣는 사람'이 되는 법

우리는 질문이 대화의 시작이라고 생각하기도 한다. 정말 그럴까?

질문보다 먼저 필요한 것은 '듣는 태도'이다. 아무리 정교한 질문도, 상대의 말을 들어줄 준비가 되어 있지 않다면 그 순간 대화의 문은 닫히고 만다. 상대의 말을 듣지 않는 사람의 질문은 오히려 그의 문을 두드리는 것이 아니라, 두드려 깨뜨리는 행위가 된다.

'무심한 질문, 대답을 기다리지 않는 질문, 상대의 생각이 아닌 내 결론을 유도하는 질문, 혹은 단지 침묵을 메우기 위해 던지는 질문들'은 묻는 척하며 그저 말하는 것일 뿐이다.

진짜 질문은 '듣는 귀를 가진 사람'만이 할 수 있다. 듣는다는 것은 단순히 소리를 받아들이는 것이 아니다. 그 말 뒤에 숨어 있는 감정과 망설임까지 기꺼이 받아들일 준비가 되어 있다는 뜻이다.

우리는 종종 자신이 잘 듣고 있다고 착각한다. 그러나 자세히 들여다보면, 우리는 듣고 있는 것이 아니라 '생각을 하고' 있다. '이 말에 어떻게 반응할지', '어떤 의견을 말할지', '내가 겪었던 비슷한 이야기를 언제 꺼낼지'를 미리 떠올리며 말이다.

듣는 순간에도 우리는 말할 준비를 하고 있는 것이다. 상대의 말을 이해하기 위해 듣는 것이 아니라, 내가 대답하기 위해 듣는 것이다. 그런 듣기는 상대의 말을 끌어내기보다는 말을 줄이게 만든다. 상대는 점점 마음을 닫고 대화는 겉돌기 시작한다. 분명 말을 주고받고 있음에도, 두 사람 사이에는 어느새 보이지 않는 벽이 생긴다. 그 벽을 허무는 열쇠는 '말'이 아니라 '귀'다.

  2장에서는 질문하기 전에 반드시 갖추어야 할 조건을 다룬다. 즉, '듣는 사람'이 되는 법에 관한 이야기다.

- 나는 과연 상대의 감정을 듣고 있는가?
- 나는 정말 그 사람의 말을 기다릴 수 있는가?
- 아니면 단지 말하는 틈을 노리는 사람은 아닌가?

✦ 좋은 질문은 귀에서 시작된다

  들어줄 줄 모르는 사람은 결코 제대로 묻지 못한다. 묻지 못하는 사람은 결국 진짜 대화에 닿을 수 없다. 이제 질문의 기술을 익히기에 앞서 무엇보다 먼저 '듣는 태도'를 배워야 한다. 그것이 진짜 대화의 출발점이다.

'듣는다'고 다 이해되는 건 아니다

"진정한 경청은 단지 조용히 있는 것이 아니라,
상대의 내면을 함께 걷는 일이다."
— 스티븐 코비 Stephen R. Covey

상담 현장에서 자주 듣는 말이 있다.

"충분히 들어줬어요."
"말도 안 끊고 가만히 있었는데 왜 화를 내는 거죠?"
"내가 뭘 잘못했는지 모르겠어요. 그냥 다 들었어요."

"듣는 동안, 당신은 무슨 생각을 하고 있었나요?"

그러면 대부분 이렇게 답한다.

"어떻게 조언해 줘야 하나 고민했어요."
"속으로 답답하다는 생각이 들었어요."

그런 이야기를 들으면 나는 차분히 이렇게 말한다.

"그건 '경청'이 아니라, '판단'할 준비를 하며, 그냥 귀로 듣고만 있었던 상태예요."

✦ 뇌는 '내용'보다 먼저 '느낌'을 감지한다

상대가 말을 시작하는 순간, 뇌는 내용보다 먼저 '이 상황이 안전한가'를 살핀다. 눈빛, 고개 끄덕임, 자세와 속도, 표정과 에너지 등 그 모든 비언어적 신호가 '진심으로 듣고 있는가'를 판별하는 기준이 된다.

UCLA의 신경심리학자 제니퍼 와이너 Jennifer Weiner는 "사람의 뇌는 단 0.2초 안에 자신이 존중받고 있는지를 감지한다."라고 말한다. 그 짧은 찰나 우리가 듣는 척하거나, 시선을 흘리거나, 집중이 잠시 흐트러질 때, 상대는 마음의 문을 닫을 수 있다. 심리학자 칼 로저스Carl R. Rogers는 이렇게 말한다.

"경청은 상대를 바꾸려는 시도를 멈추고, 있는 그대로 받아들이는 태도다."

경청은 단지 말을 하지 않는 것이 아니라, 자신의 판단을 잠시 내려놓는 태도이다. 내가 무엇을 말할지 고민하는 순간, 이미 상대에게서 한 걸음 멀어지고 있는지도 모른다.

경청은 조언보다 앞서는 '감정의 연결'이고, 질문보다 먼저 건네는 '존중'이다. 아이는 부모의 훈계보다 자신의 얘기를 들어줄 때 마음을 열고, 부부는 충고보다 공감 속에서 갈등을 줄인다.

✦ '듣는 척'과 '진짜 경청'의 차이

경청은 단순히 '상대의 말을 끊지 않는 것'이 아니다. 진짜 경청은 '이 사람이 나를 있는 그대로 받아주고 있구나.'라는 감정을 느끼게 하는 일이다. 이는 말보다 깊은 신호이며, 관계를 다시 잇는 다리가 된다.

구분	듣는 척	진짜 경청
몸의 태도	시선 회피, 스마트폰 확인 등	눈을 맞추고 자세를 상대에게 기울임
마음의 상태	조언을 준비하거나 판단을 내림	감정에 집중하며, 있는 그대로 받아들임
말의 흐름	"나도 그랬어. 근데 있잖아."	"그랬구나. 계속 이야기해 줘."

♦ 경청은 감정의 회복 회로를 작동시킨다

뇌과학자 마르코 야코보니 Marco Iacoboni는 우리 뇌 속 '미러 뉴런(타인의 행동과 감정을 거울처럼 비추는 뇌 신경세포)'이 경청의 과정을 통해 상대의 감정과 표정을 무의식적으로 비추고 따라 한다는 것이다. 이것이 바로 '공감 회로'다. 경청은 단지 하나의 기술이 아니다. 그것은 관계를 회복시키는 정서적 신호다.

"나는 네 곁에 있고, 너를 판단하지 않아. 지금의 감정을 함께해 줄게."

이러한 태도는 아무리 복잡한 갈등이라도 풀어낼 수 있는 출발점이 된다. 경청은 가장 빠르면서도 가장 느린 대화 방식이다. 우리는 자주 '말로 풀자'고 하지만, 말로 풀리지 않을 때가 있다. 그럴 땐 '곁에 머물러 주는 태도'가 필요하다. 경청은 상대의 감정을 빠르게 살피는 감각이자, 그 감정이 스스로 사그라들기를 기다리는 인내의 언어다.

✦ 지금, 마음에 새겨야 할 문장

- 경청은 입을 다무는 일이 아니라, 판단을 멈추고 그 감정에 함께 머무는 일이다.

> ▶ 오늘의 질문
>
> 나는 지금, '조언을 준비하며 듣고 있는가', 아니면
> '감정을 함께 느끼며 듣고 있는가'?
> 누군가의 말 앞에서, 나는 정말 '판단 없이' 듣고 있는가?

상대를 이해하기보다 '평가'하려는 뇌

"듣는 대부분의 시간 동안,
우리는 대답을 준비하고 있다."

— 마셜 로젠버그 Marshall Rosenberg

"그 사람이 왜 그런 말을 했을까?"

이 질문은 상대의 내면으로 들어가는 문이다. 그러나 우리의 뇌는 종종 이 질문을 이렇게 바꿔버린다.

"그 사람이 왜 저런 말을 하지?"

그리고 곧바로 이런 생각이 뒤따른다.

"그건 좀 지나친데.", "또 그 얘기야?"

우리는 겉으로는 듣는 듯 보이지만, 실제로는 '판단'의 눈으로 바라보고, '반응'의 칼을 갈고 있는 것이다.

이처럼 섣부른 판단과 반응 뒤에는 우리 뇌의 작동 방식이 깊이 작용하고 있다. 뇌는 본래 '생존'을 최우선으로 설계된 기관이다. 복잡한 맥락을 해석하거나, 감정을 세심하게 헤아리는 일은 그만큼 많은 에너지를 소모한다. 그래서 뇌는 가능한 한 빠른 판단과 결론으로 상황을 신속히 정리하려 한다.

심리학자 대니얼 카너먼Daniel Kahneman은 이를 '빠른 사고'라 명명했다. 이 사고 체계는 자동적이고 직관적으로 작동하며, 우리는 이를 통해 '좋다 vs 싫다', '안전하다 vs 위협이다'를 즉각적으로 가른다.

문제는 바로 여기서 시작된다. 대화는 생존을 위한 싸움이 아니라 관계를 잇는 공간이어야 하지만, 우리의 뇌는 대화 속에서도 여전히 '생존 모드'로 반응한다는 점이다.

✦ '응수'를 위한 침묵은 진짜 듣기가 아니다

상대가 "요즘 좀 힘들어."라고 말하면, 우리는 그의 말에 온전히 귀 기울이기보다 머릿속으로 이런 계산을 한다.

'내가 뭘 해 줘야 하지?', '또 불평이네.', '바꾸려는 노력을 먼저 해

야지.'

겉으로는 듣고 있는 듯하지만, 이미 판단은 내려졌고 반응은 준비되고 있다. 이건 듣기가 아니라 '응수'를 위한 전술적 침묵일 뿐이다.

이런 이유로 심리 상담에서는 '적극적 경청 active listening'이라는 개념을 강조한다. 이는 단순히 고개를 끄덕이거나 "음, 그렇구나."라고 맞장구치는 기술이 아니다. 진짜 경청은 '내가 지금 이 사람을 어떤 시선으로 바라보고 있는가'를 끊임없이 성찰하는 태도에서 출발한다.

진짜로 듣는 사람은 속도를 늦춘다. 머릿속에 생각이 치고 올라오면 그 생각을 붙잡아 잠시 옆으로 밀어둔다. '왜 저렇게 말하지?'라는 반응이 올라올 때면, 그 말이 나오기까지 그 사람의 마음에 어떤 일이 있었을지 떠올려본다. 그 말에 스며든 감정의 색을 조심스레 느껴보려 한다.

✦ 듣기의 핵심은 '말할 여백을 남기는 것'

좋은 듣기는 말과 말 사이의 틈을 지켜주는 태도에서 시작된다. 상대가 자신의 속도에 맞춰 천천히 말할 수 있도록 말이 끝난 뒤에도 잠시의 침묵을 허용하는 것이다. 그 침묵 속에서 우리는 무언의 메시지를 듣는다.

'이 사람은 나를 바꾸려 하지 않네.'
'나는 판단받지 않고도, 내 마음을 말할 수 있구나.'

그제야 상대는 자신의 속마음을 조금 더 꺼낼 용기를 얻는다. 듣기는 말이 아니라 신뢰의 분위기로 완성된다.

✦ 지금, 마음에 새겨야 할 문장

- 듣는다는 건 상대를 바꾸려는 태도를 내려놓고, 그가 자신의 마음을 꺼낼 수 있도록 공간을 내어주는 일이다.

▶ 오늘의 질문

나는 오늘, 누군가의 말을 진정으로 듣고 있었는가, 아니면 내가 말할 차례를 준비하고 있었는가?
상대의 말에 '그건 좀 이상한데.'라는 생각이 들었다면, 그 감정 뒤에 숨겨진 이유를 생각해 본 적이 있는가?

침묵이 주는 진짜 신호

"침묵은 말보다 더 많은 것을 들려줄 수 있다.
단, 그것을 들을 준비가 된 사람에게만."

— 수전 케인 Susan Cain

대화 중 불쑥 찾아오는 침묵은 마음을 불편하게 만든다. 어딘가 흐름이 끊긴 듯한 어색함, 무언가 실수한 건 아닐까 하는 조바심, 혹은 얼른 빈자리를 채워야 할 것 같은 압박감. 그래서 우리는 종종 서둘러 말을 꺼내곤 한다.

"음… 아무튼….", "뭐, 그런 거지.", "그 얘긴 나중에 하자."

하지만 그 침묵은 어쩌면 상대가 가장 자기다워지는 순간이었을지 모른다. 말을 꺼낸 뒤 잠시 멈춘 그 틈, 표정은 말하고 있지만, 말을 멈춘 그 시간은 상대가 자신의 감정을 정리하고 있는 내면의 호흡일 수 있다.

✦ 우리는 너무 빨리 말하고, 너무 쉽게 지나친다

지나치게 빠른 말과 판단, 불편함을 피하려는 조급한 태도는 말보다 더 중요한 침묵의 순간을 잃게 만든다. 침묵은 공백이 아니다. 그것은 감정과 생각이 서서히 제자리를 찾아가는 시간이다. 그렇다면 어떨 때 침묵할까?

- 감정이 벅차올라 잠시 멈추는 것이다.
- 어떤 말을 꺼낼지 정리되지 않아서일 수 있다.
- 지금 말하면 상처가 될까 봐, 혹은 거절당할까 봐 주저하는 것이다.
- 이 대화가 자신에게 안전한지 조심스레 묻고 있는 것일 수 있다.

침묵은 말보다 깊은 신호다. 들리진 않지만 느낄 수 있다면 그것 역시 대화다. 그러나 침묵을 단지 어색함으로만 받아들이는 사람은 그 순간을 대화의 실패로 여기기 쉽다. 관계에 익숙해지기 전, 어색함은 지나야 할 문턱이다. 그 문턱을 잘 건너야 마음의 방까지 닿을 수 있다.

✦ 침묵을 '듣는' 사람이 되는 법

침묵을 힘들어하지 않기: 대화에는 반드시 여백이 필요하다. 말이 없다고 해서 끊긴 게 아니다. 때로는 말보다 기다림이 더 큰 메시지를 전한다.

'지켜보기'의 태도 갖기: 침묵하는 그에게 시선을 맞추고, 표정을 읽고, 몸의 긴장감에 주목하자. 그건 말보다 먼저 나오는 비언어적 진심이다.

침묵을 지키는 것은 반응의 유예가 아니라 마음의 허락이다. 상대가 다음 말을 꺼내도록 허락하는 비언어적 동의다.

✦ 지금, 마음에 새겨야 할 문장

- 침묵은 전하려는 마음이 잠시 숨을 고르는 시간이다.
- 그 시간을 지켜주는 사람이야말로 진짜 대화를 이어가는 사람이다.

> ▶ 오늘의 질문
>
> 나는 누군가의 침묵을 끝까지 지켜준 적이 있었는가?
> 아니면 그 침묵이 불편해 서둘러 말로 덮으려 하진 않았는가?

경청은 말없는 질문이다

"당신이 진심으로 누군가의 말을 들어줄 때,
말하지 않아도 그 사람은 '내가 중요하구나'를 느낀다."

— 헨리 나우웬 Henri Nouwen

대화를 나누다 보면 말을 유려하게 잘하는 사람이 있는가 하면, 굳이 말을 하지 않아도 상대의 이야기를 끌어내는 사람이 있다. 그들은 특별한 화법이나 언어 기술을 쓰지 않는다. 다만 조용히 끊지 않고, 끝까지 그 자리에 '존재'로서 함께 머물러 줄 뿐이다.

그런 이 앞에 서면 마음이 절로 열리고, 말이 자연스레 흘러나온다. 이유는 간단하다. 그들의 경청에는 말은 없어도, 묵직한 질문이 깃들어 있기 때문이다.

✦ 말없이 묻는 힘

우리는 겉으로는 스스로 말을 꺼내는 것 같지만, 사실은 '듣는 이의 태도'에 따라 말의 길이와 깊이가 달라진다.

- 조용히 고개를 끄덕이는 리듬
- 말끝에 머무는 침묵의 공간
- 눈을 피하지 않고 끝까지 마주하는 집중
- 서두르지 않는 호흡과 기다림

이 모든 비언어적 신호는 '말하지 않고' 던지는 질문과도 같다.

"계속 이야기해도 괜찮습니다."
"나는 지금 여기 있습니다."
"당신의 이야기를 듣고 싶습니다."

이 조용한 메시지가 진짜 질문이 되고, 그 앞에서 우리는 말하게 된다.

많은 사람이 '좋은 질문'을 하고 싶어 한다. 그러나 진짜 좋은 질문은 잘 듣는 사람에게서 나온다. 질문은 기술이기도 하지만, 무엇보다 상대의 감정을 '수용'하는 태도에서 비롯된다.

"당신의 감정을 먼저 존중할게요."
"나는 당신을 판단하지 않아요."
"끝까지 이야기해도 괜찮습니다."
"지금, 이 시간은 온전히 당신의 것입니다."

이 문장들은 소리로 발화되지 않아도 경청하는 이의 자세와 눈빛, 숨결 속에 이미 담겨 있다. 우리는 어떤 날, 어떤 말을 주고받았는지는 잊어도 '누가 내 이야기를 끝까지 들어줬는가'는 선명하게 기억한다. 고개를 끄덕이며 말없이 곁을 지켜주었던 순간, 말이 끝난 뒤에도 자리를 지키던 그 사람의 눈빛. 그 모든 비언어적 경험이 우리를 '기억되고 싶은 존재'로 만들어준다.

경청은 상대에게 '편하게 이야기해도 괜찮다'라고 먼저 다가가는 태도다. 그건 말로 설명하지 않아도 전해지는 신호이자, '당신은 내게 중요한 사람입니다'라는 메시지다.

말을 잘하는 사람은 지식을 나눠주지만, 말을 잘 들어주는 사람은 마음을 열게 만든다. 그런 사람 앞에서는 괜히 방어가 풀리고 감정이 자연스러워지며, 자신을 돌아보는 시간이 된다.

✦ 지금, 마음에 새겨야 할 문장

- 경청은 가장 조용한 질문이다.
- 말보다 깊은 '관심'은 조용히 함께 머무는 태도에서 시작된다.

> ▶ 오늘의 질문
>
> 오늘 나는 누군가에게 말없이 이렇게 물었는가?
> '계속 말해도 괜찮아요. 나는 지금 여기 있어요.'
> 누군가의 말이 끝난 후에도,
> 나는 그의 침묵의 말을 계속 듣고 있었는가?

공감적 듣기, 감정의 공간을 만드는 힘

"누군가의 마음을 움직이는 일은 말이 아니라,
들어주는 귀에서 시작된다."

―레슬리 레퍼트 Leslie Leppert

몇 해 전, 중학교에서 하브루타 독서토론 수업을 진행하던 날이었다.

아이들이 삼삼오오 모여 질문을 던지고 대답을 주고받으며 떠들썩했다. 그런데 남학생 J만 말없이 자리에 앉아 있었다. 질문도, 대화도, 눈빛도 없이 그저 조용히 앉아 있었다. 수업이 끝난 뒤 나는 J에게 다가가 조심스레 물었다.

"오늘은 말이 별로 없네. 무슨 생각을 하고 있었을까?"
잠시 망설이더니 조심스럽게 말을 꺼냈다.
"선생님, 친구들이 자꾸 저한테 '왜 그렇게 말이 없냐'고 해요. 그런데요… 사실은 그냥, 같이 말할 사람이 없어서 그래요."
나는 더 이상 말하지 않고 그저 그 학생 옆에 앉아 말없이 시간을 함께했다. 그가 스스로 입을 열 수 있도록 감정이 머무를 자리를 지켜주었다.
이후, 그는 누구보다 열정적으로 질문을 던지는 학생이 되었다. 나는 믿는다. 그 변화는 '네가 어떤 마음이든 괜찮아.'라는 신호가 제대로 전해졌기 때문이라고.

한번은 성인을 대상으로 한 커뮤니케이션 강의에서였다. 한 여성 수강생이 손을 들어 말했다.

"요즘 남편이랑은 말이 안 통해요. 듣는 척만 하지, 정작 제대로 들어주지는 않아요."
"저는 그냥… 제 이야기를 들어줬으면 좋겠어요. 굳이 설명하거나 해결하려고 하지 말고요."

나는 그녀가 말을 끝맺을 때까지 조용히 기다렸다. 그녀는 눈시울을 붉히며 말했다.

"제가 이렇게 편하게 말해 본 게 언제였는지 기억도 안 나요."

그날 그녀가 원한 건 조언이 아니라 말할 수 있는 공간이었다.

✦ 듣는다는 건, 감정을 담는 '그릇'이 되는 일이다

듣는다는 것은 단순히 귀로 소리를 받아들이는 일이 아니다. 그것은 상대의 감정을 담아낼 수 있는 그릇이 되는 일이다. 우리는 흔히 '말을 잘하는 법'에는 많은 관심을 기울인다. 하지만 정작 중요한 '감정을 잘 들어주는 법'에는 서툴다. 진짜 변화는 화려한 말이 아니라, '듣는 태도'에서 시작된다.

공감하며 듣는다는 것은 단순히 말의 내용을 이해하는 차원을 넘어선다. 그 말속에 숨어 있는 감정의 결을 느끼고, 말하지 못한 마음과 눌린 정서까지 함께 짚어지는 것이다. 다르게 말하면, 듣는다는 건 '상대의 감정이 잠시 머물 수 있는 방을 내어주는 일'이다. 상대가 '여기서는 마음을 꺼내도 괜찮다'는 안도감을 느끼게 하는 것이다. 그래서 말보다 중요한 것은 '감정의 숨결'을 듣는 것이다.

심리 상담에서 자주 쓰이는 기법 중 하나가 '감정 반영'이다. 예를 들어, 누군가 "요즘 너무 힘들어요."라고 털어놓을 때, 단순히 "그랬

군요."라고 답하는 데서 멈추지 않는다.

"그 말이 참 외롭게 들리네요."
"많이 지치셨겠어요."
"그 상황이 무력하게 느껴졌을 것 같아요."

이처럼 그 감정에 '이름을 붙여주는 것'이 바로 진짜 듣기다. 그것은 단순한 동의가 아니라, '상대의 감정을 온전히 인정해 주는' 행위다. 우리의 뇌는 공감을 받을 때 열리고, 마음은 그때 움직인다. 듣는 태도 하나가 상대의 마음을 변화시키는 첫걸음이 되는 이유다.

신경과학자 스티븐 포지스의 '다중신경이론'에 따르면, 사람은 사회적 유대감을 느낄 때 부교감신경이 활성화되며 긴장이 풀리고 마음이 안정된다. 누군가가 비판이나 판단 없이 내 이야기를 들어줄 때 뇌는 이렇게 말한다.

"지금은 안전한 공간이야!"

그 순간 감정은 방어를 풀고, 서서히 자신을 드러낼 준비를 한다. 말로 다 표현하지 못했던 감정이 비로소 흘러나오기 시작하는 것이다.

우리는 지금, 그 어느 때보다 말이 넘쳐나는 시대에 살고 있다. 그러나 정작 그 말속에 감정을 머물게 할 자리는 부족하다. 회의실에서는 목표와 숫자만 오가고, 가정에서는 해야 할 일과 일상적인 대화가 대부분을 차지한다. 그 틈에서 감정은 늘 뒤로 밀려나고 만다.

"괜찮아, 말해도 돼."
"지금 느끼는 이 감정도 충분히 소중해."

이 메시지를 말이 아닌 존재 자체로 전하는 태도, 그것이 바로 공감이다. 좋은 말은 상대방을 감동하게 할 수 있다. 그런데 좋은 듣기는 상대방을 살아있게 만든다.

<u>진심으로 내 이야기를 끝까지 들어준 그 사람, 그 한 사람의 기억은 어떤 조언보다 오래 남는다. 공감적 듣기는 기술이라기보다는 '따뜻함'이다. 그리고 그것은 "내가 너의 곁에 있어. 말해도 괜찮아."라는 가장 인간적인 위로다.</u>

✦ 지금, 마음에 새겨야 할 문장

- 공감적 듣기는 감정을 담아주는 그릇이고, 감정이 쉴 수 있는 공간을 허락하는 조용한 힘이다.

> ▶ **오늘의 질문**
>
> 오늘 나는 누군가의 감정을 담아줄 빈 공간을 만들었는가?
> 누군가의 말 너머에 있는 감정에, 나는 얼마나 귀 기울였는가?

3장

뇌과학으로 본 대화의 원리

> 대화는 뇌 전체가 반응하는 감정의 상호작용이다.
> 우리는 말을 정보가 아니라 감정으로 먼저 해석한다.
> 표정, 억양, 눈빛 같은 비언어적 신호가 먼저 전달되고,
> 공감은 말보다 더 빠르고 강하게 퍼져나간다.
> 진짜 대화는 '심리적 안전'에서 출발한다.

대화는 감정의 뇌로 통한다

"내가 그렇게까지 말했어야 했나?"
"그 말은 그런 뜻이 아니었는데…."
"왜 그 사람은 내 말을 그렇게 받아들였을까?"

사람들과 관계를 맺다 보면 우리는 수도 없이 이런 질문들을 떠올린다. 분명 진심을 담았고, 나름대로 배려했다고 생각했는데, 상대의 반응은 차갑거나 방어적이다. 때로는 어떤 한마디가 관계를 멀어지게 만들기도 한다. 그럴 때 우리는 흔히 말한다.

"말이 안 통해."

하지만 정말 '말'이 안 통하는 걸까? 아니면 우리가 미처 깨닫지 못한 '뇌의 작동 방식' 때문일까?

✦ 뇌는 말을 정보로 받아들이지 않고, 감정으로 먼저 해석한다

대화는 단순히 말을 주고받는 일이 아니다. 누군가와 이야기를 나누는 순간, 우리의 뇌에서는 수많은 화학 반응과 전기 신호가 동시에 일어난다. 공감을 느낄 때 분비되는 옥시토신, 상대의 표정을 따라 움직이는 미러 뉴런, 낯선 질문을 만났을 때 활발히 작동하는 전두엽. 이 모든 것이 대화의 순간에 맞물려 작용한다. 결국 대화란 입과 귀만의 활동이 아니라, 뇌 전체가 반응하는 감정의 상호작용이다.

말보다 먼저 전해지는 것은 '말투'다. 우리가 누군가의 말을 들을 때, 뇌는 먼저 그 말의 '내용'이 아니라 '느낌'을 잡아낸다. 그래서 같은 말이라도 차갑게 말하면 위협으로, 따뜻하게 말하면 지지로 받아들여진다. 이 때문에 사소한 말실수보다 말투와 표정에서 생긴 불편감이 더 오래 기억된다.

또한 뇌는 부정적인 감정 신호에 더 민감하게 반응하기 때문에 상처 주는 말은 쉽게 잊히지 않는다. 반대로 작은 격려나 진심 어린 말투는 안전감과 신뢰를 강화한다. 우리가 말을 신중히 다루어야 하는 이유가 바로 여기에 있다.

✦ 왜 공감은 말보다 빠른가?

우리는 종종 "공감해."라는 말로 위로를 대신한다. 하지만 공감은 말로 하는 것이 아니다. 그것은 뇌가 즉각적으로 일으키는 신경 반응이다. 상대의 표정, 호흡, 눈빛을 보는 순간, 우리 뇌 속 미러 뉴런이 자동으로 반응한다. 이것이 바로 감정의 전염이다.

아이가 넘어졌을 때, 엄마가 아무 말없이 품에 안아주기만 해도 울음이 멎는 이유도 같은 맥락이다. 말이 아니라, 감정이 먼저 뇌를 통해 연결되었기 때문이다. 이처럼 비언어적 공감의 순간이야말로 신뢰가 시작되고 관계가 회복되는 진짜 출발점이다.

우리가 배워야 할 것은 단순한 말하기 기술이 아니다. 이제는 뇌가 어떻게 반응하는지 이해하는 것에서 출발해야 한다. 대화의 본질은 말 그 자체보다 그 전에 드러나는 작은 신호들 속에 숨어 있다.

감정이 폭발하기 직전의 침묵
말을 꺼내기 전의 짧은 호흡
질문을 던지기 전의 눈빛

바로 그때, 말은 비로소 '의미'로 도착한다. 공감이 가능해지고 관계는 다시 이어진다.

뇌는 공감할 때 변화한다

"우리는 이해받을 때보다 받아들여질 때,
더 깊은 연결을 경험한다."
— 브레네 브라운Brené Brown

어느 날, B 여학생이 상담실을 찾아왔다.

평소와 달리 말이 없었고, 얼굴에는 긴장감이 어려 있었다. 무슨 일이냐고 묻기도 전에 그녀는 소파에 풀썩 주저앉았다. 나는 물 한 잔을 건네고 곁에 앉아 기다렸다. 긴 침묵 끝에 그녀는 조용히 입을 열었다.

"선생님, 그냥 오늘… 너무 힘들었어요."

들릴 듯 말 듯한 목소리에 힘겨움이 묻어났다. 나는 알았다. 내가 해 줄 수 있는 건 조언도, 해결책도 아니라는 것을. 그저 그녀가 혼자가 아니라는 사실을 느낄 수 있도록 곁에 있어 주는 일이었다. 그리고 그녀의 어깨가 천천히 풀려가는 모습을 보며 확신했다. 공감은 말로 이루어지지 않는다. 그것은 뇌의 깊은 곳에서 먼저 작동한다.

✦ 공감은 감정이 아니라, 뇌의 구조다

신경과학은 이러한 감정의 비밀을 밝혀준다. 우리 뇌에는 '미러 뉴런'이라는 특별한 시스템이 있다. 이 세포들은 상대의 표정, 말투, 몸짓, 감정에 거울처럼 반응한다. 즉, 내가 직접 겪지 않았더라도 상대의 감정을 그대로 비추는 것이다.

친구가 울 때 나도 눈시울이 붉어지고, 연인의 한숨이 내 가슴을 무겁게 만들며, 아이의 작은 떨림이 내 손끝을 조심스러워지게 만드는 것. 이 모든 공감은 의식적인 선택이 아니라 뇌가 일으키는 신경의 반사작용이다. 그리고 공감이 깊어질 때, 뇌에서는 '옥시토신'이 분비된다. 이 호르몬은 애착과 신뢰, 따뜻한 유대를 만들어 내는 일명 '사랑의 물질'이다.

하버드의 사회신경과학자 폴 잭 Paul Zak 은 실험을 통해 이런 사실을 밝혀냈다. 옥시토신 수치가 올라가면 타인에 대한 신뢰와 이해도가 함께 높아진다는 것이다. 이 호르몬은 누군가의 손길, 진심 어린 눈맞춤, 따뜻한 경청에서 자연스럽게 생성된다. 다시 말해 우리가 누군가에게 진심으로 귀 기울이는 순간은 단순히 기분이 좋아지는 차원을 넘어 상대의 뇌와 나의 뇌가 공명하며 화학적으로 연결되는 경험의 순간이다.

또한 '신경가소성neuroplasticity'은 뇌가 경험에 따라 구조적으로 변화한다는 사실을 보여준다. 특히 감정적 상호작용이 반복될 때, 뇌의 반응 회로는 점차 달라진다. 자주 공감받고, 질문을 받고, 설명할 기회를 얻은 사람은 신뢰와 개방의 회로를 가진다. 반면, 반복된 비난과 무시 속에서 자란 사람은 방어와 회피, 불신의 회로가 강해진다. 이 차이는 단순한 성격이나 습관이 아니다. 뇌가 배운 생존 방식의 차이다.

진짜 공감은 '적절한 말'을 고르는 데 있지 않다. 공감의 핵심은 상대가 얼마나 편안한 분위기에 있다고 느끼느냐에 달려 있다. 아이가 공격적으로 말할 때, 동료가 차갑게 반응할 때, 가족이 말문을 닫아 버릴 때 우리가 가장 먼저 해야 할 일은 설명이 아니다.

그 순간 필요한 것은 상대의 뇌 상태를 살펴보는 일이다. '지금 그의 뇌는 얼마나 지쳐 있을까? 얼마나 닫혀 있고, 얼마나 방어적인 상태일까?' 그리고 '지금은 편안하다'라는 메시지가 온전히 전해질 때, 비로소 그들은 마음의 문을 연다.

✦ 지금, 마음에 새겨야 할 문장

- 공감은 단순히 감정의 문제가 아니다. 뇌의 상태다. 그리고 뇌가 '지금은 편안하다'고 느낄 때, 비로소 마음이 열린다.

> ▶ 오늘의 질문
> 나는 오늘, 말보다 먼저 마음을 읽으려 했는가?
> 상대의 입술보다 눈빛과 표정을
> 먼저 살피려 한 순간이 있었는가?

스트레스에 사로잡히면
대화가 불가능하다

"스트레스는 이성의 문을 닫고, 감정의 창을 연다.
그 문이 닫히는 순간, 어떤 말도 들어가지 않는다."
— 대니얼 골먼 Daniel Goleman

교직원 대상 소통 워크숍을 진행하던 날이었다. 그날따라 마음이 유난히 무거웠다. 새벽에 가족과 다툰 일이 있었고, 출근길 내내 그 감정의 잔여가 머릿속을 떠나지 않았다. 겉으로는 웃고 있었지만, 속마음은 지쳐 있었다.
그런데 워크숍 중, 한 교사가 발표 도중 작은 표현 실수를 했다. 나는 본능적으로 개입했고, 목소리에는 살짝 단호함이 묻어 나왔다.

"○○ 표현보다는 이렇게 바꾸면 어떨까요?"

선의에서 건넨 피드백이었다. 그러나 그녀는 정색하며 말했다.

"저는 지금 평가받고 싶지 않습니다."

순간 공기가 싸늘하게 가라앉았다. 나는 그제야 무언가 잘못되었음을 직감했다.

나중에 그녀는 조심스레 속마음을 털어놓았다.

"선생님 말이 틀렸다는 게 아니에요. 다만 그 순간에는 그런 말을 듣고 싶지 않았어요. 오늘 하루가 아침부터 너무 꼬여 있었거든요."

아무리 옳고 선의의 말이라도, 스트레스에 짓눌려 있을 때는 그 말이 진심이 아니라 공격처럼 들릴 수 있다.

✦ 스트레스에 빠진 뇌는 '의미'가 아닌 '위협'을 먼저 읽는다

우리는 때때로 이렇게 생각한다.

"내가 뭐 틀린 말 했어?"
"이건 그냥 사실인데, 왜 기분 나빠하지?"

뇌는 '옳은 말인가'보다 '언제, 어떤 상태에서 들었는가'를 먼저 판단한다. 감정 뇌인 편도체는 위협 신호에 가장 빠르게 반응하도록 설계되어 있다. 특히 <u>스트레스가 쌓인 상태에서는 말의 논리나 의도가 아무리 정확해도, 뇌는 내용을 해석하기 전에 먼저 방어 태세로 들어간다.</u> 이런 현상을 '편도체 하이재킹 amygdala hijacking'이라고 부른다. 즉, 감정의 뇌가 이성의 뇌를 잠시 압도하는 순간, 대화는 사실상 멈추게 된다.

사람은 피로하거나 불안과 압박을 느낄 때 뇌가 쉽게 감정적으로 과열된다. 이때는 상대의 말이 괜히 의심스럽게 들리고, 평소라면 웃어넘길 말도 예민하게 받아들이며, 말의 내용보다 말투나 표정이 더 크게 자극으로 다가온다. 이는 단순한 기분의 문제가 아니라, 뇌의 정보 처리 기능이 위축된 데서 비롯된 현상이다.

한 어머니가 상담을 요청해 왔다.
"중2 딸아이랑 도통 대화가 안 돼요. 말을 걸면 늘 대꾸가 퉁명스럽고 불친절해요."
"어머니는 딸아이와 주로 언제 대화를 하시나요?"
"대부분 학원 끝나고 귀가하는 밤 10시쯤에요. 그때가 하루 중 유일하게 마주하는 시간이거든요."

아이는 하루 종일 학교, 학원, 숙제로 이미 지쳐 있었고, 그 시간은 모든 감각이 닫혀 있는 상태. 대화가 안 되는 게 아니라 뇌가 '말을 들을 수 없는 상태'였던 것이다.

상담 코칭 이후 어머니는 딸이 먼저 말을 꺼낼 때까지 기다리는 연습을 했다. 간단한 간식이나 따뜻한 물 한 잔을 건네며 그저 "수고했어."라고만 전했다.

몇 주 뒤, 딸이 먼저 "오늘은 학원에서 좀 짜증 났어."라며 말문을 열었다. '감정의 문'이 열린 순간이었다.

✦ 냉각 시간은 무책임이 아니라, 감정적 지혜다

하버드의 감정 조절 연구팀은 스트레스 상황에서 약 20분간의 심리적 여유 시간을 갖는 것이 뇌가 다시 이성을 회복하는 데 도움이 된다고 말한다.

- 분노 직후엔 말하지 않기
- 불쾌할 땐 메시지 늦추기
- 상대의 얼굴에 '철문'이 내려갔을 땐 말 걸지 않기

이런 단순한 전략이 오히려 더 깊고 안정적인 대화를 만든다. 우리는 종종 '해야 할 말'을 먼저 떠올리지만, 진짜 중요한 질문은 이것이다.

"이 말은 지금 해야 할 말일까?"
"지금 이 사람은 들을 준비가 되어 있을까?"

대화의 성패는 타이밍에 달려 있다. 상대가 스트레스의 파도에 휩싸여 있을 때 말을 건네면, 그 말은 금세 파도에 묻혀 버리고 오해만 더 깊어진다.

✦ 지금, 마음에 새겨야 할 문장

- 스트레스 상태에서는 대화를 멈춘다. 말을 건네기 전에 먼저 감정의 물결이 가라앉았는지를 살피는 것, 이것이 대화의 시작이다.

▶ **오늘의 질문**

나는 지금 감정적으로 안정된 상태에서

대화를 시작하고 있는가?

말을 건네기 전에 상대의 마음이 들을 준비가 되어 있는지

살펴보았는가?

질문은 뇌를 깨우는 도구

"좋은 질문은 사람을 설득하지 않는다.
대신 스스로 생각하게 만든다."
― 소크라테스 Socrates

"왜 그렇게 했어?"
"도대체 무슨 생각으로 그런 결정을 한 거야?"

우리는 이런 질문을 던질 때가 있다. 하지만 이런 질문에 상대는 대답하기보다 방어하거나, 침묵하거나, 혹은 피하려 든다.
어느 날, S 씨는 발표를 망친 뒤 기운 없이 앉아 있었다. 직장 동료가 도와주고 싶은 마음에 "왜 이렇게 한 거야?", "여긴 좀 아쉬운 것 같아." 하고 물었다.

상대는 고개를 끄덕였지만 그 뒤로는 눈을 잘 마주치지 않았다. 좋은 의도로 던진 질문이었지만, 오히려 마음의 문을 닫히게 만들고 만 것이다.

✦ 말보다 '질문'이 중요한 이유

우리는 누구보다 말하는 데 익숙하다. 정보를 전달하고, 감정을 표현하며, 관계를 조정하기 위해 하루에도 수백 번씩 말을 쏟아낸다. 하지만 질문은 다르다. 질문은 상대의 사고를 자극하고, 자율적인 판단을 끌어내며, 무엇보다 관계적 메시지를 담고 있다.

사람의 뇌는 질문을 받는 순간 전두엽이 깨어난다. 전두엽은 사고와 판단, 계획과 창의성, 공감 능력을 담당한다. 하버드 의대의 존 레이티John Ratey 교수는 '질문은 전두엽을 활성화시켜 스스로 해답을 찾게 만드는 자극제'라고 설명한다. 실제로 질문을 받을 때, 뇌는 기억을 검색하고 감정을 스캔하며, 논리와 감성을 동시에 작동시킨다. 즉, 질문은 답을 알려주는 것보다 훨씬 더 강력한 인지적 자극인 셈이다.

좋은 질문은 단순히 '묻는 행위'가 아니다. 그 질문은 상대의 마음 문을 두드리는 동시에 뇌 속 회로를 켜는 스위치가 된다.

✦ 질문이 전두엽을 자극한다는 뇌과학적 근거

미국 UCLA의 신경과학자 매튜 리버먼Matthew Lieberman 박사는 '질문을 받은 뇌'는 사고와 통찰을 담당하는 전두엽이 즉각 활성화되며, 뇌의 각성 상태가 높아진다고 설명한다. 즉, 누군가 나에게 질문을 던지면, 뇌는 그것을 단순한 언어 정보로 처리하지 않는다. 자신의 경험과 감정, 지식을 종합적으로 탐색하기 시작한다. 이러한 과정은 '인지적 참여'라는 메커니즘으로 작동한다. 질문은 단순히 반응을 끌어내는 수준을 넘어 뇌가 스스로 의미를 구성하도록 유도하는 힘을 가지고 있다.

좋은 질문은 '스스로 답하게 만드는 힘'이 있다. 초등학생들에게 "이건 왜 이렇게 했어?"라는 식의 질문에는 대부분 어깨를 움츠리거나 말없이 고개를 돌린다. 하지만 "이 문제를 풀 때 너는 어떤 방법을 먼저 떠올렸어?"라고 물으면, 놀랍게도 눈을 반짝이며 차근차근 생각을 더듬기 시작한다. 질문이 지시가 아니라 탐색의 언어로 바뀌면 뇌는 수동에서 능동으로 전환된다.

이는 기업 교육 현장에서도 마찬가지다. 팀원에게 "왜 아직 이 보고서가 안 올라왔지?"라고 물으면, 뇌는 곧바로 방어 태세를 취한다. 하지만 "지금 가장 어려운 부분은 어디야?"라고 물으면 문제해결을 담당하는 전두엽 회로가 작동한다.

✦ 질문은 '신뢰'와 '자율'이라는 숨은 메시지를 전달한다

질문은 단순히 대화를 위한 기술이 아니라 '관계를 대하는 태도'다. 질문은 '당신의 이야기가 궁금하다'는 신호이며, 동시에 '당신은 스스로 생각할 수 있는 사람이다'라는 메시지를 담고 있다. 그래서 질문을 자주 던지는 사람 곁에서는 사람들이 조금씩 마음을 열고 자신의 이야기를 꺼낸다.

이는 스탠퍼드 대학교 심리학자 캐럴 드웩Carol Dweck이 말한 '성장 마인드셋growth mindset'의 핵심이기도 하다. 질문은 상대의 가능성을 믿는 방식이자 자기 자신을 돌아보는 기회를 제공한다. 또한 MIT 뇌인지과학 연구팀은 '상황을 설명해 주는 말보다 질문을 던지는 방식이 기억에 훨씬 오래 남는다'는 연구 결과를 발표했다. 우리는 답보다 질문을, 설명보다 탐색의 순간을 더 오랫동안 기억한다. 그 이유는 질문이 단순히 정보를 요구하는 것이 아니라, 감정과 사고를 동시에 활성화시키는 복합적 자극이 되기 때문이다.

✦ 지금, 마음에 새겨야 할 문장

- 좋은 질문은 상대의 마음과 생각을 두드린다. 말하기보다 묻는 것이 더 큰 울림을 남긴다.

> ▶ 오늘의 질문
> 오늘 나는 상대에게서 단순히 '답'을 끌어내려 했는가,
> 아니면 스스로 '생각할 수 있는 질문'을 건넸는가?

말투가 뇌를 움직인다

"사람들은 당신이 한 말을 잊을 수는 있지만,
그 말을 어떻게 했는지는 잊지 않는다."
— 칼 뷔크너 Carl W. Buehner

중년 여성 내담자 A 씨가 하소연을 했다.

"남편은 늘 이렇게 말해요. '난 그냥 사실만 말한 거야.' 그런데 그 '사실'이라는 말은 언제나 차갑고, 내려다보는 듯한 말투예요. 저는 그 말투에 상처를 받아요."

상담 경험이 쌓일수록 확신하게 된 사실이 있다. <u>사람들은 말의 내용 때문에 상처받기보다 그 말을 전하는 '말투' 때문에 더 크게 다친다는 것이다.</u> 말투는 단순한 억양이 아니다. 그것은 상대의 뇌 깊숙한 감정 회로를 건드려, 무의식적으로 '이건 위협이야'라는 신호를 보내버린다.

♦ 뇌는 말의 뜻보다 '말하는 방식'을 먼저 해석한다

우리가 하는 말의 의미는 대뇌피질에서 인식되지만, 말투(속도, 억양, 강도)는 편도체가 반응한다. 그래서 똑같이 "미안해."라고 말해도, 화난 톤이나 날카로운 속도로 내뱉으면 상대는 그것을 사과가 아니라 비난으로 받아들인다.

상담 초기, 한 여학생이 내게 이렇게 말했다.

"선생님이 그냥 물어보시는 건데도 저는 괜히 따지시는 것 같아서 겁났어요."

나의 무심하고 낮은 말투가 그 학생에게는 위협 신호로 전해졌던 모양이다. 반면, 다문화 가정 아이들과의 수업 시간에 대답을 망설이는 한 아이에게 "생각이 좀 필요한 거야, 그치?"라고 말하자, "이 선생님은 무섭게 안 물어보시네."라며 작게 중얼거렸다.

심리학 연구에 따르면, 똑같은 말을 하더라도 부드러운 말투로 전한 그룹이 훨씬 더 높은 신뢰 점수를 얻었다. 말의 '뜻'은 나중 문제다. 상대가 가장 먼저 느끼는 것은 '당신이 나를 배려하고 있는가?'라는 것이다.

✦ 말투는 기법이 아니라, 관계를 대하는 태도다

말투는 단순히 부드럽게 말하는 기술을 익히는 데 그치지 않는다. 그것은 내가 상대를 어떻게 바라보고, 얼마나 존중하는지를 고스란히 드러내는 태도의 표현이다. 말의 속도를 조금 늦추고, 문장과 문장 사이에 짧은 여백을 두며, 마지막 어미를 부드럽게 마무리하는 것. 이 작은 차이만으로도 상대의 뇌는 '나는 공격받고 있지 않아'라는 안도감을 느낀다.

한 중년 부부와의 커플 상담에서 남편은 이렇게 말했다.
"전 정말 별말 안 했습니다. 그냥 '그건 좀 무리 아냐?'라고 했을 뿐인데 아내가 눈물을 흘리더라고요."
그런 남편의 목소리는 이미 높아져 있었고 어깨는 굳어 있었으며, 말과 말 사이는 공격하듯 짧았다. 말 자체는 평범했지만, 그 말투가 아내의 뇌에 새긴 메시지는 분명했다.

"너는 틀렸어."

<u>말투는 단순한 소리가 아니다. 그것은 곧 소리로 전달되는 감정의 파장이다. 그래서 말투에 따라 상대의 뇌는 '나는 지금 안전하다' 혹은 '위험하다'라고 즉각 판단한다.</u>

그런 상황에서는 아무리 좋은 말도 감정의 장벽을 뚫지 못한다. 반대로 부드러운 말투, 천천히 <u>흐르는</u> 리듬, 따뜻한 어조는 뇌의 긴장을 풀어주고 전두엽을 열어준다. 그때 비로소 상대는 당신의 말을 있는 그대로 받아들일 수 있다.

누구나 말투에는 예민하다. 특히 지쳐 있는 사람일수록 말의 내용보다 말투에 먼저 상처를 받는다. 그럴 때는 말을 바꾸기보다 말투의 '온도'를 낮추는 것이 훨씬 효과적이다.

이런 연습을 자주 해 보자. 말을 하기 전, 숨을 천천히 내쉬고 말과 말 사이에 잠깐 멈춘다. 정서적으로 편안한 대화는 말투에서 시작된다. 말의 논리는 이성에 닿지만, 말투의 온도는 감정에 닿는다.

✦ **지금, 마음에 새겨야 할 문장**

- 말투는 마음의 언어다. 말은 이성에 닿고, 말투는 감정과 뇌에 닿는다.

> ▶ **오늘의 질문**
> 나는 지금, 어떤 말투로 사람들의 마음에 다가가고 있는가?
> 나의 말투는 상대에게 안심을 주고 있는가,
> 아니면 긴장을 주고 있는가?

4장

질문은 마음의 문을 여는 열쇠

> 질문은 관계의 방향을 바꾸는 힘이다.
> '왜?'보다 '어떻게?'가 마음을 열게 한다.
> 좋은 질문은 갈등을 풀지만, 부정적인 질문은 갈등을 키운다.
> "너는 어떻게 생각해?"라는 물음은 존중의 신호다.
> 질문에는 온도가 있고, 그 온도가 대화를 살린다.
> 묻는 순간, 관계는 달라진다.

관계가 달라지는 질문

가끔 그런 순간이 있다. 분명 대화는 오갔는데, 끝나고 나면 이상하게 공허하고 허탈한 기분만 남을 때가 있다. 충분히 설명했고 할 말도 다 했다고 생각했지만, 정작 상대의 눈빛은 닫혀 있고 공기는 차갑다.

'혹시 나는 말만 했을 뿐, 그 사람의 마음을 묻지 않았던 건 아닐까?'

말은 방향을 제시하고, 정보를 전달하며, 생각을 전개하는 데 유용하다. 그러나 질문은 단순히 대화의 시작이 아니라, 관계의 문을 여는 열쇠다. 좋은 질문은 단순히 상대의 생각을 끌어낼 뿐 아니라, 그 사람의 마음을 움직이고 관계를 바꾸는 힘을 지니고 있다.

　심리학자 칼 로저스는 "진정한 이해는 충고가 아니라 질문에서 시작된다."라고 말했다. 질문을 받는 순간, 뇌는 전두엽을 중심으로 감정·판단·기억·자기 인식의 회로가 동시에 작동하며 능동적 사고를 시작한다. 질문은 단순히 정보를 캐묻는 것이 아니라, 상대를 존중하며 스스로 생각할 기회를 주는 일이다. 질문은 곧 관심이고, 관심은 사랑의 첫 번째 언어다.

"요즘 어떤 생각이 들어?"
"그때 어떤 감정이었어?"
"지금 너한테 가장 필요한 건 뭐야?"
"내가 도와줄 수 있는 게 있을까?"

　작은 질문 하나가 상대의 마음을 열고, 관계를 한 걸음 더 가까이 다가가게 한다. 요청으로 사람을 바꾸기는 어렵다. 그러나 질문은 그 사람 스스로 움직이게 만든다. 질문은 강요하지 않는다. 다만 '나는 너의 생각이 궁금하다'라는 메시지를 건넬 뿐이다.

4장에서는 '말'보다 더 깊이 관계를 변화시키는 기술, 곧 '살아 있는 질문'의 힘을 다루려 한다. 질문은 단순한 대화법이 아니다. 그것은 갈등을 풀고, 신뢰를 회복하며, 단절된 마음을 다시 이어주는 다리가 된다. 때로는 한마디의 충고보다 단순한 질문이 더 큰 울림을 남긴다.

무엇보다 질문은 말보다 느리게 다가가지만, 결국 더 깊은 곳에 닿는다. 나는 그 사실을 수많은 교육 현장과 상담 자리에서 거듭 확인해 왔다.

정보는 넘쳐나지만 진짜 이해는 사라진 시대, 우리가 다시 '묻는 법'을 배워야 하는 이유가 여기에 있다.

좋은 질문은 진짜 대화의 출발점이며, 묻는 순간 관계가 달라진다. 질문은 상대를 바꾸려는 시도가 아니라, '나는 너를 이해하고 싶다'는 가장 인간적인 신호다. 그 정중한 질문 하나가 오늘 누군가의 닫힌 마음을 여는 첫 문장이 되기를 바란다. 그리고 그 질문이 쌓일 때, 우리는 결국 더 깊이 연결된 삶을 살게 될 것이다.

좋은 질문이 대화를 살린다

"질문은 마음을 여는 열쇠다.
그 열쇠가 문을 연 순간, 관계는 다시 숨을 쉰다."
- 에드가 샤인 Edgar H. Schein

점심시간을 앞둔 회의실. Y 직원의 표정은 평소와 달리 어두웠다. 회의 내내 말을 아끼고 어떤 안건에도 반응을 보이지 않았다. 답답해진 팀장은 다그치듯 물었다.

"오늘 무슨 일 있어요? 의견 좀 말해 보세요."

잠시 정적이 흘렀지만, 그는 끝내 아무 말도 하지 않았다. 며칠 후, 그는 병가를 냈다.

이런 장면은 직장뿐 아니라 부부 사이, 친구 관계, 부모와 자녀 사이에서도 흔히 일어난다. 관계를 이어가고 싶어 던진 질문이 오히려 거리를 만들고 마음을 닫게 하는 이유는 무엇일까? 그것은 질문의 '내용'이 아니라 '방식' 때문이다. 상대가 위로를 기대할 때 다그치듯 묻거나, 공감을 원할 때 해명을 요구하면, 질문은 대화의 문을 열기는커녕 닫아버린다.

그 차이는 아주 작은 것에서 비롯된다. 같은 질문이라도 목소리의 온도, 말의 속도, 눈빛 하나가 달라지면, 상대의 마음은 전혀 다른 반응을 보인다. 질문은 말이 아니라 태도의 언어인 셈이다.

✦ 질문은 대화를 살리기도 하고, 꺼뜨리기도 한다

우리는 "왜 말을 안 해?", "그래서 지금 어떻게 하겠다는 거야?"와 같은 질문을 관심이나 책임감의 표현이라 여기곤 한다. 하지만 상대가 느끼는 것은 '물음'이 아니라 '압박'일 수 있다.

심리학자 마셜 로젠버그Marshall B. Rosenberg는 "좋은 질문은 상대가 자신을 더 깊이 이해하게 돕는다."라고 말한다. 질문은 말의 시작처럼 보이지만, 사실은 '듣기의 준비'다. 질문이 따뜻하고 여유로울수록 듣는 마음도 깊어진다.

<u>좋은 질문은 답을 유도하는 것이 아니라, 상대가 자신의 마음을 안전하게 꺼내도록 돕는 '심리적 공간'을 만든다. 그래서 좋은 질문은 상대를 몰아붙이지 않고, 오히려 '나는 네 이야기를 기다릴 준비가 되어 있어.'라는 메시지를 전한다.</u>

✦ 좋은 질문의 3가지 조건

첫째, 추궁이 아닌 '탐색'을 여는 질문

부정적 질문: "왜 그렇게 늦었어요?"
긍정적 질문: "오늘 무슨 일이 있었나요?"

'왜'로 시작하는 질문은 직장에서도, 일상적인 관계에서도 상대의 방어를 불러일으킨다. 겉으로는 이유를 묻는 것 같지만, 사실은 책임을 따지고 추궁하는 뉘앙스가 강하기 때문이다. 반면, '무엇이'나 '어떤'으로 시작하는 질문은 사건보다 감정과 맥락에 초점을 둔다.

그래서 상대가 변명이나 설명이 아니라, 자신의 마음을 표현할 수 있도록 끌어준다.

뇌과학적으로도 차이는 분명하다. '탐색형 질문'은 전두엽을 자극해 창의성과 감정 조절 회로를 활성화시키는 반면, 추궁형 질문은 편도체를 자극해 즉각적인 방어 반응을 일으킨다. 같은 질문이라도 어떤 단어로 시작하느냐에 따라 대화의 결과가 완전히 달라지는 것이다.

둘째, 해결을 재촉하기보다 '이해'를 위한 질문

부정적 질문: "그럼 어떻게 할 건데?"
긍정적 질문: "지금은 어떤 게 제일 힘들게 느껴져요?"

직장에서든 가정에서든 우리는 종종 상대에게 결정을 요구하는 질문을 던진다. 그러면 상대는 '내가 지금 뭔가를 못 하고 있다는 뜻인가?'라는 부담과 자기비판에 빠져들기 쉽다.

질문이 힘을 가지려면 해결보다는 공감에서 시작돼야 한다. 상대가 '나는 이해받고 있다'는 느낌을 받을 때 마음이 열린다. 그 감각은 어떤 조언보다 강력하며, 대화의 흐름을 바꾸는 첫 신호가 된다.

셋째, 통제가 아닌 '선택권'을 주는 질문

부정적 질문: "지금 이야기하세요."
긍정적 질문: "말할 준비가 되면 이야기해 주셔도 좋아요."

좋은 질문이 되려면 '대답하지 않을 권리'까지 존중하는 여유가 담겨야 한다. 강요나 명령처럼 들리는 질문은 대화가 아니라 통제일 뿐이다. 반대로 선택권이 담긴 질문은 상대의 자율성과 존엄을 지켜준다.

심리학자 에드워드 데시Edward L. Deci와 리처드 라이언Richard M. Ryan의 자기결정이론Self-Determination Theory에 따르면, 자율성은 인간의 동기 중 가장 핵심적인 요인이다. 질문에 자율성이 담기면 대답하고 싶은 마음도 자연스럽게 따라온다. 작은 배려와 선택권이 상대의 마음을 지켜주고, 결국 더 깊은 대화를 끌어내는 것이다.

우리는 때로 너무 많은 말을 하느라 정작 중요한 질문을 놓치곤 한다. 그러나 진짜 대화는 내가 옳다는 말을 앞세우는 데서 시작하지 않는다. 상대가 말하고 싶은 마음을 느낄 수 있도록 만들어주는 질문에서 시작해야 한다.

✦ 지금, 마음에 새겨야 할 문장

- 좋은 질문은 답을 끌어내려 하지 않고, 상대가 스스로 말하고 싶게 만든다.

> ▶ **오늘의 질문**
> 나의 질문은 상대가 말하고 싶은 공간을 열어주고 있는가,
> 아니면 듣고 싶은 내 말만을 유도하고 있는가?
> 나는 지금 상대의 마음을 '듣기 위해' 질문하고 있는가?

"왜?" 보다 "어떻게?"

"누군가를 이해하려면 '왜 그랬냐'고 묻기보다,
'어떻게 느꼈는가'를 물어야 한다."
— 대니얼 시겔Daniel J. Siegel

"팀장님, 사실 그 프로젝트는 제가 실수했어요."
"도대체 왜 그런 거야?"
순간 회의실 공기가 얼어붙었다. '왜'라는 말은 일상에서 너무 흔히 쓰인다. 부모가 아이에게, 선생님이 학생에게, 상사가 직원에게 묻는다.
"왜 울어?", "왜 그랬어?", "왜 그걸 골랐어?"

그러나 이 표현 하나가 상대를 단숨에 '방어'로 몰아넣는다. 물론 '왜'는 단순히 사실을 확인하기 위한 질문일 수 있다. 하지만 정서적 맥락에서는 대부분 '책임을 추궁하는 언어'로 작용한다. 그 순간 상대의 뇌는 방어 모드로 전환되고, 편도체는 위협 신호를 감지한다. 그러면 마음속의 진짜 이야기는 사라지고, 최소한의 회피적 반응만 남는다.

✦ 뇌는 '탐색형 질문'에 더 많이 반응한다

뇌과학자 리사 펠드먼 배럿Lisa Feldman Barrett 박사는 『감정은 어떻게 만들어지는가』에서 이렇게 설명한다.

"감정은 단순히 '느껴지는 것'이 아니라, 뇌가 예측하고 구성하는 복합적 결과물이다."

저자는 인간의 감정을 외부 자극과 내부 해석, 그리고 과거 경험과 신체 상태에 기반한 예측의 산물이라고 정의한다. 다시 말해 감정은 '자동적으로 생기는 반응'이 아니라, 뇌가 '이 상황에서 아마 이런 감정을 느낄 것이다'라고 해석하고 구성한 정서적 모델이다.

이 이론은 대화에서도 중요한 시사점을 준다. 우리가 던지는 질문 하나하나가 상대의 뇌에서 어떤 감정 회로를 활성화시킬지를 결정 짓는다는 것이다. 따라서 같은 질문이라도 어떻게 묻느냐에 따라 상대의 뇌는 위협으로 반응할 수도 있고, 이해와 안전으로 반응할 수도 있다.

"왜 그랬어?"라는 질문은 상대가 위협을 느낄 가능성이 높은 방식이다. 이 질문은 뇌의 편도체를 자극해 '공격으로부터 자신을 지키려는 방어 회로'를 가동시킨다. 편도체가 활성화되면 심박수가 빨라지고, 호흡이 얕아지며, 생각은 정리되지 못한 채 감정이 앞서기 쉽다. 결국 말문은 닫히고, 침묵하거나 방어적인 반응만 하게 된다.

또한 이때 반응하는 후측 대상회(자기 평가와 과거 경험 회상, 수치심과 관련된 뇌 영역)는 "왜?"라는 질문을 과거의 실수와 연결시키며, '내가 뭘 잘못했나?'라는 불편한 자기 탐색을 하기 시작한다. 그 결과 질문은 의도와 달리 상대를 방어로 몰아넣고, 관계의 거리를 더 벌려놓을 수 있다.

반면, "그 상황에서 어떤 선택을 고민했어?", "그때 어떤 기분이 들었어?", "그 일을 겪고 나서 어떤 생각이 가장 오래 남았어?"와 같은 질문은 뇌의 전두엽을 자극한다. 이 회로가 활성화되면 우리는 자신을 평가받는 존재가 아니라 이해받고 자유롭게 표현할 수 있는 존재로 인식하며, 더 깊은 대화로 들어갈 수 있는 여유와 안전감을 느낀다.

또한 이런 질문은 상대의 미러 뉴런 시스템까지 부드럽게 작동시켜 '나는 이해받고 있다'는 감각을 강화한다. 이처럼 질문 하나만 바꾸어도 대화의 결은 전혀 다르게 흐를 수 있다. 어떻게 묻느냐에 따라 상대는 방어를 느끼거나, 혹은 진심을 꺼내놓을 수 있는 용기를 얻게 된다.

✦ 추궁이 아닌 탐색의 언어

기존 질문	감정 유도	탐색 질문	공감 유도
"왜 그렇게 늦었어?"	방어	"오는 길에 무슨 일 있었어?"	설명
"왜 그 말을 했어?"	비난	"그때 어떤 마음이 들었어?"	감정 탐색
"왜 이렇게밖에 못 했어?"	수치	"어디에서 제일 어려웠어?"	자기 이해
"왜 울어?"	위축	"무슨 감정이었는지 말해 줄래?"	감정 표현

탐색형 질문은 '나는 이해받고 있다'는 감각을 느끼게 한다. 자연스럽게 내면을 열고, 때로는 자신도 몰랐던 감정과 욕구를 정리할 기회를 얻는다. 좋은 질문은 단순히 대화를 이어가기 위한 장치가 아니다. 그것은 상대가 자기 안의 진짜 목소리를 발견하도록 돕는 거울이다.

✦ 말하는 법보다, 묻는 법이 중요하다

좋은 대화는 내가 얼마나 말을 잘했는가로 평가되는 것이 아니다. 오히려 상대가 얼마나 많이, 얼마나 편안하게 이야기할 수 있었는가로 판단되어야 한다.

"왜 공부 안 해?"라는 추궁 대신 "지금 집중이 안 되는 이유가 뭐라고 느껴져?"라고 물으면 아이의 태도가 달라진다.

"왜 자꾸 늦어?"라고 묻는 대신 "오늘 하루는 어땠어?"라는 질문으로 시작할 때, 저녁 시간이 다른 방향으로 흘러간다. 대화의 질을 바꾸는 것은 화려한 말솜씨가 아니라, 상대의 마음을 여는 질문이다. 질문 하나가 일상의 시간을 더 따뜻하게 만들어준다.

✦ 지금, 마음에 새겨야 할 문장

- 좋은 질문은 상대의 뇌를 편안한 예측 상태로 이끌어 감정을 열고, 생각을 정리하며 마음을 나눌 여유를 준다.

> ▶ 오늘의 질문
> 나는 최근 누군가에게 '왜?'를 얼마나 자주 사용했는가?
> 내가 바꿔야 할 질문의 습관은 무엇일까?

하브루타, 질문으로 생각을 여는 기술

"질문하지 않는 아이는 그 자리에 있고,
질문하는 아이는 성장한다."
- 『탈무드Talmud』

초등학생 P는 수업 시간에 늘 고개를 푹 숙인 채 앉아 있었고, 단 한 번도 손을 들고 발표한 적이 없다. 사람들은 P를 '내성적'이라고 말했지만, 사실 그 아이는 누군가의 비웃음을 살까 봐 말을 하지 못하는 것이었다. 자신의 의견이 틀릴지도 모른다는 불안이 침묵하게 만들었다. 나는 그 아이에게 정답을 묻지 않았다. 대신 열린 질문을 건넨다.

"이 장면을 읽고 어떤 생각이 들었어?"
"주인공은 왜 그런 선택을 했을까?"
"너라면 어떻게 했을 것 같아?"

처음에는 짧은 한두 마디만 돌아왔다. 하지만 며칠이 지나자 아이는 조심스럽게 질문하기 시작했다.
"선생님, 그럼 이건 왜 그런 거예요?", "그 장면은 이렇게도 볼 수 있지 않아요?"
질문이 시작되자 아이는 말하고 싶어졌고, 말하기 시작하자 스스로 생각하기 시작했다. 말은 용기를 주지 못했지만, 좋은 질문은 그 아이 안의 용기를 깨워주었다. 이것이 바로 질문의 힘이다.

✦ 질문은 관계의 공기를 바꾼다

한 기획안을 두고 의견이 엇갈리자 부장이 물었다.
"이 기획안은 왜 이렇게 된 거예요?"
회의실은 단숨에 조용해졌다. 팀원들은 서로 눈을 피하며 문서만 내려다보았다.
잠시 후, 부장이 다시 입을 열었다.

"이 기획을 준비하면서 가장 어려웠던 부분이 어디였나요?"

정적이 흐른 뒤, 누군가 조심스레 입을 열었다.

"시장조사 결과가 갑자기 바뀌는 바람에 방향을 완전히 틀어야 했어요."

순식간에 분위기가 달라졌다. 직원들은 함께 원인을 짚어가며 해결책을 논의하기 시작했다.

'왜 그랬냐'는 질문은 추궁처럼 들리지만, '무엇이 어려웠냐'는 질문은 '이해'를 전제로 한다. 질문의 방식 하나가 대화의 분위기를 바꾸고, 마음 문을 열게 만든 것이다. 작은 차이가 신뢰를 만들고, 그 신뢰가 협력을 가능하게 한다.

✦ 하브루타란 무엇인가?

'하브루타'Havruta는 고대 유대인의 교육 방식에서 비롯된 단어다. 본래의 의미는 '짝' 혹은 '동반자'로 서로에게 질문을 던지며 생각을 확장하고 진리를 탐색하는 학습 구조를 뜻한다.

이스라엘에서는 아이들이 어릴 적부터 정답을 암기하는 대신 서로 묻고 반문하며, 다시 해석하는 훈련을 받는다. 이 과정은 단순한 토론이 아니다. 하브루타는 '정답'을 확인하는 방식이 아니라, 사고를 넓히고 관점을 확장하며, 타인의 시선을 이해하려는 대화법이다.

질문을 주고받는 과정에서 아이들은 스스로 생각을 구조화하고, 자신만의 언어로 사고를 정리하며, 동시에 상대의 관점에 서 보는 법을 배운다. 하브루타는 정답 중심 교육이 키우지 못하는 자율성과 사고의 유연성을 길러낸다. 따라서 이 방식은 지식을 넘어 삶의 태도를 바꾸고 경쟁보다 협력을, 암기보다 이해를 중시하는 힘을 길러 준다.

✦ 뇌과학과 심리학이 말하는 질문의 힘

뇌과학자 존 메디나 John Medina는 "질문은 전두엽을 활성화시켜 인지적 유연성과 주의력을 향상시킨다."라고 말한다. 사람이 질문을 받는 순간, 뇌는 즉각적으로 '탐색 모드'로 전환된다. 도파민이 분비되고, 스스로 답을 찾기 위한 인지 회로가 작동한다. 그 결과 기억은 깊어지고, 사고의 지속력은 높아진다.

심리학자 에드워드 데시 Edward L. Deci와 리처드 라이언 Richard M. Ryan은 '자율성'이 인간의 내적 동기를 자극하는 핵심 요소라고 강조한다. 누군가 나에게 질문을 던졌을 때, 그 질문에 스스로 사고하고 답할 수 있을 때, 우리는 타인이 아닌 '나 자신'으로 움직인다. 결국 질문은 우리에게 자기 삶을 주도하는 힘을 되찾게 한다. 그리고 그 주도성은 삶에 대한 몰입과 성장의 에너지가 된다. 질문이야말로 인간이 배우고 변화할 때, 가장 자연스럽게 작동하는 마음의 스위치다.

하브루타는 바로 이런 심리·인지적 메커니즘과 닿아 있다. 질문은 단순한 커뮤니케이션 기술이 아니라, 사람의 뇌와 마음이 본래의 리듬을 되찾는 방식이다. 그리고 그 리듬이야말로 배우고 성장하는 인간의 본능적인 힘이다.

✦ 교육에서 관계로, 관계에서 삶으로

하브루타는 교실 안에서만 머무는 기술이 아니다. 오히려 가정에서, 부부 관계에서, 친구 사이에서 더 큰 힘을 발휘하는 대화의 도구다.

"그땐 어떤 마음이었어?"
"지금 가장 이해받고 싶은 건 뭐야?"
"네 입장에서 보면, 어떤 게 제일 힘들었을까?"
"내가 놓친 너의 감정은 뭐였을까?"

좋은 질문은 상대를 몰아붙이지 않으면서도, 그 사람의 마음에 '입장할 수 있는 문'을 열어준다. 우리는 질문을 통해 타인의 마음속으로 들어갈 수도 있고, 관계를 회복할 수도 있으며, 삶을 더욱 깊이 있게 살아낼 수 있다. 질문은 생각을 깨우고, 생각은 관계를 살리고, 관계는 결국 삶의 방향을 바꾼다.

✦ 지금, 마음에 새겨야 할 문장

- 질문은 생각을 움직이고, 생각은 관계를 살린다.
- 하브루타는 '정답'을 요구하지 않고, '이해'의 대화로 사람과 사람을 이어준다.

> ▶ 오늘의 질문
> 나는 일상 속에서 얼마나 자주 '탐색형 질문'을 하고 있는가?
> 내 동료, 내 가족은 내 질문에 '답하고' 있을까,
> '마음을 열고' 있을까?

갈등을 푸는 질문 vs 갈등을 키우는 질문

"마음을 풀어내는 말은, 따뜻한 질문 하나면 충분하다."
- 토머스 고든 Thomas Gordon

심리학자 마셜 로젠버그 Marshall B. Rosenberg는 『비폭력 대화』에서 "비난처럼 들리는 말은 방어를 불러오고, 공감하려는 질문은 마음을 연다."라고 말했다. 갈등 상황에서 "왜?"로 시작하는 질문은 실제로는 질문의 형식을 빌린 비난일 때가 많다.

✦ 같은 갈등, 다른 대화

다음은 실제로 우리가 자주 겪는 상황들이다. 질문 하나의 차이가 어떤 변화를 이끄는지를 비교해 보자.

상황 1 업무 실수로 인한 갈등

갈등을 키우는 질문

A 과장: "왜 이 보고서를 또 틀렸어요?"

B 대리: (작아지며) "죄송합니다, 확인했는데…."

→ **위축, 방어, 대화 단절**

갈등을 푸는 질문

A 과장: "이 부분에서 실수한 이유가 있을까요? 다음엔 제가 어떻게 도울 수 있을까요?"

B 대리: "데이터가 바뀌는 바람에 반영을 못 했어요. 다음엔 체크리스트를 만들어 확인하겠습니다."

→ **협력, 설명, 개선 의지 상승**

상황 2 **부부간 감정 충돌**

갈등을 키우는 질문

남편: "왜 그렇게 말을 심하게 해?"

아내: "당신이 먼저 무시했잖아."

→ **감정 대립, 상처의 누적**

갈등을 푸는 질문

남편: "아까 내 말이 좀 서운하게 들렸을까?"

아내: "응, 내가 예민했나 싶기도 했지만, 자꾸 반복되니까 속상했어."

→ **감정 표현, 상호 이해, 갈등 완화**

상황 3 **휴대폰만 보는 자녀**

갈등을 키우는 질문

엄마: "왜 또 휴대폰만 보고 있니?"

아이: "그냥! 나도 좀 쉬면 안 돼?"

→ **벽 형성, 반항심 유발**

갈등을 푸는 질문

엄마: "오늘 하루 중 가장 즐거운 순간은 언제였어?"

아이: "점심시간이요. 친구들이랑 영상 본 거 재밌었어요."

→ 대화 유도, 감정 공유 시작

상황 4 **반복된 약속 파기**

갈등을 키우는 질문

나: "왜 자꾸 약속을 잊어버리는 거야?"

친구: "내가 일부러 그런 것도 아니잖아."

→ **서운함 증폭, 관계 균열**

갈등을 푸는 질문

나: "요즘 많이 바쁜가 봐. 혹시 정신없이 바빴어?"

친구: "응, 야근이 계속돼서. 너한테 미안했어."

→ **공감 생성, 관계 회복 가능성**

상황 5 교사의 피드백

갈등을 키우는 질문

교사: "왜 이런 점수가 나왔니?"

학생: "몰라요, 그냥…."

→ **자기비하, 대화 회피**

갈등을 푸는 질문

교사: "어떤 부분이 가장 어려웠던 것 같아?"

학생: "시간이 부족해서 뒷부분은 거의 못 봤어요."

→ **원인 파악, 전략 보완 가능**

상황 6 회의에서 의견 충돌 후 정적 흐를 때

갈등을 키우는 질문

팀장: "왜 내 의견에 그렇게 반대하시죠?"

팀원: "그냥… 좀 아니라고 생각했어요."

→ **위축, 대화 중단**

갈등을 푸는 질문

팀장: "혹시 다른 방향이 있을까요? 함께 고민해 봐요."

팀원: "데이터 기반으로 접근하면 더 설득력이 있을 것 같아요."

→ 상호 존중, 아이디어 확장

질문은 예리하게 상처를 남기기도 하고, 부드럽게 마음을 열기도 한다. 그 차이는 단지 '왜'냐고 묻느냐, '어떻게' 느꼈냐고 묻느냐에 있다.

✦ 지금, 마음에 새겨야 할 문장

- 질문은 감정을 건드릴 수도, 감정을 꺼내줄 수도 있다. 갈등을 풀고 싶다면 '왜'보다 '어떻게'를 먼저 묻자.

> ▶ **오늘의 질문**
> 나는 최근 갈등 속에서 어떤 질문을 했는가?
> 그 질문은 상대의 마음을 열었는가, 아니면 닫히게 했는가?

"너는 어떻게 생각해?"의 힘

"진짜 리더는 말하는 사람이 아니라,
다른 사람의 말을 끌어내는 사람이다."
― 사이먼 사이넥 Simon Sinek

우리는 흔히 '말을 잘한다'는 것을 대화를 주도하는 능력이라고 생각한다. 하지만 진짜 대화를 이끄는 사람은 자신이 아니라 상대를 주인공으로 세운다.

"너는 어떻게 생각해?"

이 짧은 한마디는 상대를 수동적인 청자가 아닌, 적극적인 참여자이자 대화의 주인공으로 불러낸다. 심리학자 칼 로저스는 "사람은 자신이 존중받는다고 느낄 때 비로소 자기 자신이 된다."라고 말했다.

좋은 질문은 상대에게 말할 권리를 넘기고, '당신의 생각은 중요하다'는 메시지를 건넨다. 대화의 질은 내가 얼마나 말했느냐가 아니라, 상대가 얼마나 편안하게 자신의 생각을 표현했느냐로 결정된다.

"너는 어떻게 생각해?"라는 말은 문제해결과 판단을 담당하는 전두엽을 자극한다. 리사 펠드먼 배럿Lisa Feldman Barrett 교수에 따르면, 인간의 뇌는 예측 기반으로 작동하며, 질문은 그 예측을 새롭게 조정하는 강력한 자극이 된다.

"어떻게 생각해?"라는 질문은 뇌에 '내가 주체가 되어 사고해야 한다'는 신호를 보낸다. 이는 감정 조절뿐 아니라 자기효능감과 동기를 높인다. 단순히 정보를 받아들이는 수동적 상태에서, 능동적으로 사고하고 표현하는 상태로 뇌를 전환시키는 것이다.

반면, 일방적인 말은 뇌를 수동적 청취 모드로 만들고, 상대의 뇌가 '나에겐 선택권이 없다'고 느끼는 순간 대화는 닫힌 문이 된다.

✦ 일상 속의 변화: "내가 옳다"에서 "너는 어때?"로

가정에서

부모 A: "이렇게 해야지, 그게 맞는 거야."
→ **아이는 수동적 복종, 또는 반항**

부모 B: "넌 어떻게 하고 싶어?"
→ **아이는 스스로 선택하고, 책임을 배움**

직장에서

상사 A: "이건 이렇게 처리해."
→ **직원은 따르지만, 몰입하지 않음**

상사 B: "이번엔 네 방식으로 해 보는 건 어때?"
→ **창의성과 책임감이 함께 자람**

인간관계에서

친구 A: "넌 왜 그렇게 생각해?"
→ **공격처럼 들릴 수 있음**

친구 B: "네 생각도 궁금해. 나는 이렇게 느꼈거든."
→ **존중과 교류가 오가는 대화로 변화**

✦ 지금, 마음에 새겨야 할 문장

- "너는 어떻게 생각해?"라는 말은 상대를 존중하는 질문이다. 대화가 열리고 상대는 자신이 '중요한 존재'임을 느낀다.

> ▶ **오늘의 질문**
>
> 나는 오늘 누군가를 주인공으로 만들어주는 질문을 했는가?
> 상대가 더 많이 말하게 하기 위해, 나는 어떤 말을 멈출 수 있을까?

질문에도 온도가 있다

"우리는 질문을 통해 생각을 이끌고,
말투와 태도를 통해 감정을 이끈다."
— 대니얼 시겔 Daniel J. Siegel

"왜 그렇게 했어요?"
"어떻게 생각하세요?"

겉으로 보면 두 질문 모두 다정하고 개방적으로 보인다. 하지만 전자는 누군가를 다그칠 때 쓰이고, 후자는 진심으로 궁금할 때 쓰인다. 말의 겉모양보다 더 중요한 것은 질문에 담긴 감정의 '온도'다.

강연을 마친 뒤, 한 학부모가 내게 살며시 말을 건넸다.

"선생님 말씀 중에 '질문에는 온도가 있다'는 말이 너무 와닿았어요. 전 늘 아이에게 뭐가 잘못됐는지만 따지듯 물었거든요."

그녀는 자녀에게 "왜 또 늦게 왔니?", "숙제는 왜 안 했어?"처럼 늘 추궁조였고, 결국 아이는 말문을 닫은 채 방으로 들어가 버리곤 했다는 것이다.

많은 강의에서 '질문 기술'을 알려 달라는 요청을 받는다. 하지만 나는 늘 이렇게 되묻는다.

"질문할 때, 상대의 기분을 고려하셨나요?"
"당신의 질문은 상대의 머리를 향한 것인가요, 아니면 마음을 향한 것인가요?"

♦ 따뜻한 질문은 사람을 성장시킨다

질문에는 '온도'가 있다. 뇌는 이 온도를 정확히 감지한다.
"무슨 일이 있었어요?"라는 말도 따뜻한 말투와 부드러운 눈빛으로 건네면 '관심'이 되지만, 차갑고 날 선 톤으로 던지면 '의심'이나 '비난'으로 들린다.

한 청년이 하소연을 했다. 그는 상사로부터 '도대체 왜 이런 결정을 했는지 설명해 보라'는 말을 듣고 며칠간 잠을 설치며, 스스로를 무능한 사람이라 여겼다는 것이다.

"같은 질문이라도 '이 결정을 하신 배경이 궁금합니다.'라고 상사가 말했다면 어땠을까요?"라는 내 물음에 그는 웃으며 대답했다.

"그럼 전 아마 다음 회의에서 훨씬 더 자신감 있게 말했을 것 같아요."

질문은 상대를 위축시키기도 하고, 반대로 자신감을 북돋을 수도 있다. 질문의 방식 하나가 대화의 공기를 바꾸고, 관계의 흐름을 결정짓는다.

또한 질문에는 상대가 스스로 생각과 감정을 정리하도록 돕는 기능이 있다. 따뜻한 질문은 자신을 돌아보게 하고, 내면의 힘을 회복시킨다.

"왜 그렇게 했어요?"라는 질문도 상황에 따라 '이해의 질문'이 될 수도 있고, 반대로 '심문의 시작'이 될 수도 있다.

✦ 질문의 온도를 높이는 법

1. **비난 대신 이해의 프레임으로 바꾸기**

   "왜 그랬어?" → "그때 어떤 생각이 들었니?"

2. **질문 전에 듣는 태도 준비하기**

   먼저 충분히 들어주면, 질문도 따뜻하게 느껴진다.

3. **정답을 유도하지 않기**

   "넌 이렇게 생각하지?" 대신 "너는 어떻게 느꼈어?"
   → 개방형 질문이 상대를 편안하게 만든다.

4. **질문의 목적을 나 자신에게 먼저 묻기**

   지금 내가 묻는 이유는 상대를 돕기 위함인가, 내 감정을 풀기 위함인가?

✦ 지금, 마음에 새겨야 할 문장

- 질문은 단어가 아니라 태도다. 따뜻한 질문은 닫힌 마음을 여는 가장 온화한 열쇠다.

> ▶ 오늘의 질문
> 나는 지금, 내 질문에 따뜻함을 담고 있는가,
> 아니면 무의식의 비난을 숨기고 있는가?

5장

AI 시대, 인간만이 할 수 있는 대화

> AI는 정보를 정확히 전하지만 마음을 움직이지는 못한다.
> 디지털 시대, 연결은 늘었으나 관계는 희미해졌다.
> 질문이 사라진 사회가 위험한 이유도 여기에 있다.
> 질문은 인간만이 지닌 성찰의 언어이자 타자를 이해하는 방식이다.
> 그래서 챗GPT와의 대화와 사람과의 대화는 다르다.
> 진짜 질문은 인간의 몫이다.

정보는 AI에게, 마음은 인간에게

지금 이 순간에도 우리는 인공지능과 대화를 나누고 있다. "내일 비 올까?", "회의록 요약해 줘.", "이 근처 맛집 추천해 줘."

질문을 던지면 답이 돌아오고, 요청하면 실행되며, 생각을 표현하면 자동으로 정리되는 시대가 되었다. 마치 오래된 공상과학의 꿈이 실현된 것처럼, 기계는 인간의 언어를 해석하고 반응하며, 우리의 손과 입, 심지어 사고의 일부로 자리 잡아가고 있다.

그러나 그 편리함 속에서 우리는 가장 인간적인 능력 하나를 점점 잃어가고 있다. 바로 '진짜 대화'다. 대화란 단순히 정보를 주고받는 기술이 아니다. 대화의 본질은 '무엇을 말했느냐'보다 '어떤 마음으로 들었느냐'에 달려 있다. 질문은 정보를 뽑아내는 도구가 아니라, 상대의 감정을 이해하고 관계를 이어주는 다리다.

그럼에도 오늘날 우리는 질문을 던지면서도 기다리지 못하고, 대답을 들으면서도 마음을 듣지 않는다. 질문이 이미 '기능'으로 변해 버렸기 때문이다. 기술은 대답을 빠르게 주지만, 오직 사람만이 진심 어린 질문으로 관계를 살릴 수 있다. 그리고 그 차이가 대화를 '정보 교환'으로 만들지, '관계의 회복'으로 만들지를 가른다.

AI는 질문에 답하는 데 익숙하다. 하지만 사람은 질문을 통해 마음을 나누고 관계를 이어간다. 예를 들어, "오늘 날씨 어때?"라는 질문은 AI에게 단순한 정보 요청일 뿐이지만, "오늘 많이 힘들었지?"라는 말은 사람에게 전하는 따뜻한 공감이다. 전자의 질문은 검색창에 입력해도 금세 알 수 있지만, 후자의 질문은 기다려 주고, 함께 웃고 울며 시간을 나눌 때 비로소 의미가 생긴다.

그런데 AI에게서 '정확한 답'을 구하듯이 우리 역시 사람에게서 즉각적인 반응만을 기대하기 쉽다. 그러다 보면 감정의 굴곡이나 침묵의 여운, 말투에 스며 있는 뉘앙스를 읽으려는 노력이 점점 사라질 수 있다. 결국 사람 사이의 대화는 점점 더 얕고 가볍게 흘러가 버린다.

하지만 원래 대화란 정보 교환보다 감정을 주고받는 과정이다. 눈빛, 목소리의 떨림, 말 사이의 망설임, 고개 끄덕임, 손끝의 작은 움직임 등 이런 비언어적 메시지가 전해질 때 마음은 열린다.

정보를 묻는 것은 기계도 할 수 있지만, 마음을 묻는 것은 인간만이 할 수 있는 일이다.

5장에서는 이 시대에 우리가 다시 회복해야 할 '인간다운 대화'의 본질을 살핀다. 정보만을 묻는 기술이 아니라 감정을 여는 태도, 속도를 좇는 질문이 아니라 머무를 수 있는 질문, 말을 잘하는 능력이 아니라 묻고 기다릴 줄 아는 마음. 이것이 지금 우리에게 필요한 언어다.

이제 우리는 분명히 구분해야 한다. AI에게는 정보를 묻고, 사람에게는 마음을 묻는다.

질문의 시대가 끝난 것이 아니다. 오히려 이제야 질문이 진짜 인간의 언어로 복귀할 순간이다. 작은 질문 하나가 관계를 살리고, 그 관계가 삶의 방향을 바꾼다.

AI는 정보를 묻고, 인간은 마음을 묻는다

"기계는 언어를 조합하지만,
사람은 마음을 나눈다."
— 대니얼 시겔Daniel J. Siegel

아침에 일어나 "오늘 날씨 어때?"라고 묻자, AI 스피커는 정확하고 친절하게 대답해 준다.

"현재 서울의 기온은 18도이며, 미세먼지 농도는 '보통'입니다. 우산은 필요하지 않겠습니다."

정확한 정보, 빠른 반응, 오류 없는 문장. 우리는 이제 '말하는 기계'와 함께 살아간다. 기계는 전보다 훨씬 더 유창하게 말하고, 더 빠르고 정확하게 반응하며, 때로는 우리가 몰랐던 정보를 친절하게 덧붙이기도 한다. '잘 말하는 것'만 놓고 보면 인간보다 완벽하다.

그러나 마음은 갈증을 느낀다. 이와 같은 질문을 누군가 사랑하는 사람에게 묻는다면 어떤 장면이 펼쳐질까?

"오늘 날씨 어때?"
"살짝 쌀쌀해. 얇게 입었으면 겉옷 챙겨."
"어제 피곤해 보이더니 오늘은 괜찮아?"
"점심 같이 먹자."

이 짧은 대화 속에는 단순한 날씨 정보보다 훨씬 중요한 것이 담겨 있다. 관심, 기억, 감정 그리고 연결이다. 기계는 그저 날씨를 알려주지만, 사람은 날씨를 빌려 그의 하루를 걱정한다.

AI가 아무리 똑똑해져도 '왜 그 말이 나왔는가', '그 말 뒤에 어떤 마음이 숨어 있는가'를 읽어내는 능력은 인간만의 정서적 지능이다. 기계는 단어를 배열할 수 있지만, 우리는 마음을 건네기 위해 말을 한다. 대화는 따뜻함에서 시작된다. 그리고 그 따뜻함이야말로 인간만의 언어다.

✦ 말을 넘어서는 힘

AI는 점점 더 유창해지고 있지만, 그 말속에는 감정의 여백, 눈빛의 떨림, 의미가 빠져 있다. 뇌과학자 안토니오 다마지오 Antonio Damasio 는 이렇게 말한다.

"이성과 감정은 분리되지 않는다. 우리는 느끼기 때문에 생각하고, 생각하기 때문에 느낀다."

인간은 대화할 때 단순히 정보를 주고받는 것이 아니라, 그 안에 '의도'와 '정서'를 담는다. 따라서 진짜 대화는 상대가 '무엇을 말했는가'보다, '어떤 마음으로 말했는가'를 이해하려는 노력에서 시작된다. 그리고 그 노력이 있을 때, 말은 단순한 소리를 넘어 관계를 회복시키는 힘이 된다.

✦ 인간만이 할 수 있는 것

우리는 "무슨 일이 있었어?"라는 말보다 "괜찮아 보여서 오히려 더 마음이 쓰였어."와 같은 말에 위로를 느낀다. 단순한 '고맙다'라는 말보다 "네가 있어서 오늘 하루가 덜 힘들었어."라는 표현에 눈물이 나는 이유다. 이러한 말은 AI가 쉽게 만들어 낼 수 없다. 그것은 기억, 감정, 맥락, 그리고 마음의 읽기가 동시에 작동해야 하는 복합적인 뇌 활동이기 때문이다. 리사 펠드먼 배럿Lisa Feldman Barrett 교수는 '감정은 뇌가 맥락을 기반으로 생성한 예측 결과'라고 설명한다. 이는 우리가 듣는 말 그 자체보다 그 말을 어떻게 해석하느냐에 따라 감정이 달라진다는 의미다.

예를 들어, 상사가 "회의 자료 다시 확인해 주세요."라고 말했을 때 의도는 단순한 효율성일 수 있다. 그러나 부하 직원은 '내가 실수했나?', '신뢰를 못 받는 건가?'라는 생각으로 위축될 수 있다.

기계는 이런 감정의 문맥을 예측하지 못한다. 반면, 인간은 상대의 표정, 말투, 이전의 대화 기억을 바탕으로 그 말속에 담긴 감정을 읽어낼 수 있다. 대화란 단순한 언어 교환이 아니라, 보이지 않는 감정을 해석하고 연결하는 과정이다. 이 능력이 바로 인간을 인간답게 만드는 대화의 힘이다.

정보는 넘쳐나지만, 위로는 부족한 시대다. 질문은 많아졌지만, 진심으로 묻는 사람은 드물다. 그래서 우리는 AI가 결코 대신할 수 없는 대화에 신경을 써야 한다.

"오늘 하루 어땠어?"라는 짧은 질문 하나가 누군가의 무너진 마음을 일으킬 수 있다. '그 말속엔 어떤 마음이 있었을까?'라고 한 번 더 생각해 주는 태도가 관계를 다시 이어준다.

나의 한마디가 상대에게 '정보'로 남을 것인지, '감정'으로 남을 것인지는 내가 그 말을 어떤 마음으로 건네느냐에 달려 있다.

✦ 지금, 마음에 새겨야 할 문장

- AI는 말을 할 수 있지만, 그 말이 누군가에게 위로가 되도록 말할 수 있는 건 오직 인간만의 능력이다.

> ▶ 오늘의 질문
> 나는 오늘, 누군가에게 정보를 줬는가, 아니면 마음을 건넸는가?
> 내 말 한마디가 누군가의 '하루'를 바꿀 수 있다는 걸
> 명심하고 있는가?

2

연결은 늘었지만, 관계는 줄어들었다

"우리는 점점 더 많은 방식으로 연결되지만,
점점 더 외로워지고 있다."

– 셰리 터클 Sherry Turkle

스마트폰 하나면 언제든지 영상통화를 할 수 있고, SNS 메시지는 '읽음 표시'로 응답 여부까지 확인된다. 이메일, 채팅, 피드백 앱, 비대면 회의 툴까지. 세상은 그 어느 때보다도 '소통'이라는 이름의 기술로 풍요롭다. 그런데 우리는 왜 이렇게 연결되어 있으면서도 더 지치고, 더 어렵고, 더 불안해하는 걸까?

말을 주고받는 창구는 넘쳐나지만, 마음을 나눌 수 있는 시간과

공간은 오히려 좁아지고 있다. 메시지는 1초 만에 도착하지만, "괜찮아?"라는 말에 진심이 담겨 있었는지는 알기 어렵다. 기술은 연결을 보장할 수 있지만, 진짜 관계는 마음을 담아야만 유지된다. 결국 우리가 잃어가고 있는 것은 '속도'가 아니라 '깊이'다.

✦ 말이 많아질수록, 의미는 줄어든다

우리는 하루에도 수백 개의 메시지를 주고받는다.
"회의 일정 조정할게요.", "사진 잘나왔네.", "밥 먹었어?", "좋아요."

그러나 진짜 '내 이야기를 들어준 사람', '내 마음을 알아준 사람'을 떠올리면 문득 공허함이 밀려온다. 정보는 풍요롭지만, 정서는 고립되어 있다. MIT의 사회심리학자 셰리 터클Sherry Turkle은 "기계와의 대화가 늘어날수록, 사람과의 대화는 얕아진다."라고 말했다.

지금 우리는 누군가의 타이핑 속도나 이모티콘 하나로 감정을 짐작한다. 그러다 보니 오해는 더 빨리 퍼지고, 혼자는 싫지만 대화는 피하고 싶은 모순 속에서 외로움은 깊어진다.

진짜 대화는 '메시지를 몇 개 주고받았는가'가 아니라, 그 안에 담긴 온기와 맥락에 달려 있다. 우리는 지금, 말은 많지만 마음은 고립되는 시대를 살아가고 있다.

✦ 뇌는 연결을 원하면서도 두려움에 갇힌다

　인간은 본질적으로 '관계적 존재'다. 우리의 생존 본능은 단순히 먹고 자는 데 있지 않다. 태어날 때부터 우리는 '누군가와 연결되어 있어야 안전하다'는 감각을 지니며, 그 유대감을 통해 위협으로부터 보호받고, 감정적 안정을 얻으며, 심지어 생리적 기능까지 조절된다.

　그런데 디지털 시대의 관계는 메시지와 이모티콘, 짧은 댓글과 영상통화 속의 간헐적인 시선 교환만으로는 누군가의 말투에 담긴 서운함을 표정에서 읽을 수도 없고, 침묵 속에 숨어 있는 마음의 망설임을 느낄 여유도 없다. 감정의 미세한 진동이 사라진 자리에 남는 것은 오해와 추측이다. 그리고 그 오해는 생각보다 쉽게 커져 사람들로 하여금 점점 진짜 마음을 드러내는 것 자체를 두려워하게 만든다.

'괜히 말했다가 이상하게 생각하면 어쩌지?'
'내 감정을 털어놨다가 더 멀어지면 어떡하지?'

이런 걱정이 쌓이면, 뇌는 '연결'을 중단하고 '방어'와 '회피'를 선택한다. 그렇기에 말은 해도 마음은 닫히고, 듣는 척해도 이해하려 하지 않는다. 결국 <u>우리는 진짜 하고 싶은 말을 삼키고, 의미 없는 피상적 대화만 반복하며 관계의 표면만 맴돈다. 그리고 어느 순간, 연결되어 있다는 착각 속에서 더 깊은 외로움이 자라난다.</u>

우리는 지금 대화의 시대에 사는 것이 아니라 메시지의 시대에 살고 있다. 그리고 그 메시지 속에는 점점 진심이 줄어들고 있다. 관계의 기술은 늘었지만, 관계를 '지속'시키는 능력은 부족하다.

"무슨 말이라도 하면 좋겠어."라고 누군가는 말한다. 그러나 그 '무슨 말'이 위로가 아니라 상처가 되어 돌아오는 경험을 한 사람은 결국 말보다 '침묵'을 택하게 된다. 이렇게 우리는 점점 더 연결되어 있으면서도, 정작 서로의 마음에는 다가가지 못한다.

따라서 지금 우리에게 필요한 것은 '말하는 기술'이 아니라 '공감하는 기술'을 배우는 일이다.

✦ **지금, 마음에 새겨야 할 문장**

- 사람의 유대는 디지털의 편리함이 아니라, 마음을 건네는 따뜻함에서 형성된다.

▶ **오늘의 질문**

나는 지금, 누군가와 진짜 연결되어 있다고 느끼는가?

내 마음은 지금 '대화할 준비'가 되어 있는가,

아니면 자신을 보호하고 있는가?

디지털 시대의 외로움

"외로움은 혼자 있는 데서 오지 않는다.
외로움은 연결되지 않은 상태에서 온다."

— 존 카치오포 John T. Cacioppo

지하철 안, 모두가 고개를 숙이고 휴대폰 화면을 바라보고 있다. 식당에서도, 카페에서도, 심지어 회의 시작 전 회의실에서도 우리는 '연결되어 있음'을 유지하느라 바쁘다. 카카오톡 알림, 인스타그램 댓글, 회사 메신저, 온라인 커뮤니티, 줌 회의 등 하루에도 수십 번, 누군가와 이야기하고 반응하며 정보를 주고받는다. 그러나 그 와중에 문득 이런 생각이 스친다.

'나는 지금 누구와 진짜 연결되어 있는 걸까?'
'이렇게 많은 대화 속에서 나는 왜 이리 허전하지?'

우리는 물리적으로는 '항상 연결된 상태'에 있지만, 정서적으로는 점점 더 '단절된 상태'로 밀려가고 있다.

✦ 디지털 연결은 감정을 옮기지 못한다

SNS에서 "오늘 하루도 고생했어."라는 문장을 아무리 많이 들어도, 실제로 누군가 나에게 "힘들었지?"라고 건네는 한마디와는 비교할 수 없다. 끊임없이 도착하는 알림음에 우리는 감정적으로 피로해지고 동시에 점점 무뎌진다. 대화는 많아졌는데 진짜 나를 바라봐 주고 가만히 내 이야기를 들어주는 사람은 줄어든다. 심지어 어떤 순간에는 사람의 말보다 추천 알고리즘이 더 내 기분을 잘 알아주는 것처럼 느껴지기도 한다. 그러나 우리는 정말 중요한 무언가를 놓치고 있는지도 모른다.

인간은 본래 사람의 표정, 눈빛, 호흡, 침묵, 목소리의 떨림 같은 비언어적 신호를 통해 감정을 느끼고 반응하는 존재다. 하지만 디지털 커뮤니케이션은 이 모든 것을 생략한다. 텍스트만 남고, 음성과 눈빛은 사라진 채 우리는 '말'은 주고받지만 '마음'은 주고받지 못하고 있다.

✦ 외로움은 만성 스트레스다

시카고대학교 사회신경과학자 존 카치오포John T. Cacioppo는 외로움을 '생리적으로 해로운 상태'라고 정의했다. 그는 외로움이 우울, 수면 장애, 면역력 저하, 심장 질환까지 연쇄적으로 유발한다는 연구를 통해 '외로움은 흡연보다 더 해롭다'는 경고를 남겼다. 왜 그럴까? 인간의 뇌는 연결될 때 안정감을 느끼며, 공감과 신뢰가 형성될 때 옥시토신이 분비된다.

이런 상태에서는 타인을 향한 신뢰도 낮아지고, 열린 대화도 불가능해진다. 외로움은 단순한 감정 문제가 아니라, 몸과 마음 전체를 병들게 하는 '관계적 질병'이다. 그리고 그 해독제는 더 많은 말이 아니라, 더 깊은 연결이다.

✦ '좋아요'는 공감을 대신할 수 없다

우리는 하루에도 수십 번 누군가 올린 글을 본다. SNS 타임라인에 올라온 가족사진, 친구의 고민, 동료의 짧은 일상. 그리고 그 아래에서 무심히 손가락을 움직여 '좋아요'를 누른다.

"나는 너를 보고 있어.", "응원하고 있어.", "잘했어."

짧은 클릭 속에 많은 마음을 담았다고 믿는다. 그러나 과연 상대가 그렇게 받아들일까? '좋아요'를 백 개 받았지만, 속마음을 묻는 메시지 하나 없는 날, 오히려 더 외롭다.

심리학자 브레네 브라운Brené Brown은 <u>진짜 공감은 '상대의 마음자리에 앉는 것'이라고 말한다. 상대의 감정 속으로 들어가 그 감정의 어둠 속에서 함께 앉아주는 일. 그것이 공감의 본질이다.</u>

하지만 디지털 시대의 공감은 다르다. 화면 너머에서 멀리서 바라보는 듯한 반응, 가볍고 빠르며 책임 없는 반응이 대부분이다. 그것은 응원의 제스처일 수는 있어도, 함께하는 공감은 되지 못한다. 한 연구에 따르면, SNS에서 아무리 많은 공감 반응을 받아도 심리적 만족이나 외로움 해소에는 큰 효과가 없었다. 이유는 단순하다. 사람은 말이 아니라, 곁에 있어 주는 존재감으로 위로받는 존재이기 때문이다.

우리는 지금 관계를 '유지하는 법'은 익숙해졌지만, 관계를 '깊이 느끼는 법'은 점점 잊어가고 있다. 누군가 올린 힘겨운 이야기 아래 '좋아요' 하나 누르고 지나치는 동안, 정작 그 사람의 마음은 점점 더 닫히고 있을지도 모른다.

공감은 반응이 아니라 머무름이다. 누군가의 이야기에 단지 '봤다'고 표시하는 것이 아니라, 잠시라도 그 마음 안에 함께 머무는 배려다. 그래서 진짜 공감은 '좋아요'를 누른 손가락이 아니라, "괜찮아?"라고 묻는 마음에서 시작된다.

✦ 지금, 마음에 새겨야 할 문장

- 디지털 시대의 연결은 말은 많아졌지만, 마음은 오히려 더 고립되고 있다.

> ▶ 오늘의 질문
> 나는 최근 누군가의 마음을 직접 느낀 적이 있는가?
> 지금 내 관계는 연결되어 있는가,
> 아니면 단지 접속되어 있는가?

질문하지 않는 사회가 위험하다

"우리가 더 나은 세상을 만들기 위해 해야 할 첫 번째 일은,
'왜 그런가요?'라고 묻는 것이다."

― 칼 세이건 Carl Sagan

어느 날 강의가 끝난 뒤, K 선생님이 조심스럽게 물었다.
"요즘 아이들이 질문을 안 해요. 시키면 따라는 오는데, 자기 생각이 없어요. 왜 그런 걸까요?"
"그 아이들은 아마도 질문을 해도 괜찮다고 느낀 적이 없었을지도 몰라요."
우리는 질문하는 법을 배우지 않았다. 아니 더 정확히 말하면 질문을 억눌리며 자라왔다.

"괜한 소리 말고 그냥 외워.", "그건 시험에 안 나와.", "시끄러워, 조용히 해."

그렇게 우리는 질문을 '혼나는 신호', '분위기를 깨는 행동'으로 학습해 버렸다. 질문은 더 이상 호기심의 언어가 아니라, 눈치와 두려움의 언어가 된 것이다.

질문하지 않는 사회는 우연히 만들어지지 않는다. 그 사회는 질문을 두려워하게 만드는 분위기, 틀릴까 봐 침묵하게 만드는 공기, 그리고 비판을 공격으로 받아들이는 감정의 시스템이 자리한다.

✦ 질문이 사라진 자리엔 복종만 남는다

질문은 단순히 "그건 왜 그래요?"라고 묻는 행위가 아니다. 그 안에는 의심과 호기심, 관심과 참여의 의지가 담겨 있다. 하지만 질문이 사라지는 순간, 우리는 주어진 답만 따라 말하는 존재가 된다. 스스로 사고하지 못하고, 무엇이 잘못되었는지조차 감지하지 못하게 된다. 질문하지 않는 사람은 겉으로는 조용하고 순응적인 것처럼 보일 수 있다. 그러나 그런 사회는 결코 건강한 방향으로 나아갈 수 없다. 질문이 사라진 자리에는 지시와 명령, 그리고 일방적인 지식의 흐름만 남는다.

 질문은 단지 정보 탐색의 도구가 아니다. 질문은 관계의 평등을 가능하게 하고, 사고의 자율성을 키우며, 의사결정에 참여할 수 있는 힘을 준다. 말하자면 질문은 개인을 깨우는 도구이자, 사회를 더 민주적으로 만드는 언어다.

 심리학자 대니얼 카너먼Daniel Kahneman은 우리가 '생각하기'를 피하고 자동화된 판단 시스템에 의존한다고 말한다. 이때 '질문'은 뇌를 깨우는 강력한 자극이 된다. 질문은 전두엽을 활성화해 기존의 인식 틀을 흔들고 새로운 관점을 조심스럽게 틔운다.

 그러나 이러한 과정이 감정적으로 안전한 환경 없이 시도되면, 뇌는 먼저 방어 반응을 일으킨다. '이 질문에 틀린 대답을 하면 어쩌지?', '이걸 말해도 괜찮은 걸까?'라는 불안 속에서 질문할 자유를 갖고도 묻지 않게 된다.

♦ 질문 없는 교실, 질문 없는 회의실

 아이들이 어릴 때는 "왜 하늘은 파래요?", "사람은 왜 자요?"라고 질문을 잘한다. 그러나 학교에 들어가면서부터 그 질문은 점점 줄어든다. 학교에서 여전히 중요한 것은 '정답 맞히기' 경쟁이다. '왜 그렇게 생각했니?'라는 물음보다 '틀리지 않게 외워라'라는 지시가 더 자주 들리고, 정답을 말하는 아이만 칭찬받는다. 반대로 의심하거나 다른 관점을 제시하는 아이는 까다롭다는 평가를 받는다.

직장에서도 상황은 크게 다르지 않다. "그게 최선인가요?"라고 묻는 순간, 분위기를 깬다는 눈총을 받기 쉽다. 회의실에서 "왜 이 방식인가요?"라고 질문하면 곧장 불편한 시선이 돌아온다. 이렇게 질문이 사라진 자리는 '침묵'이 채워진다.

학교든 회의실이든, "그 질문이 왜 필요해?", "다 정해져 있는데 왜 자꾸 물어?"라는 반응을 반복해서 경험한 사람은 결국 질문을 멈춘다. 그렇게 질문은 사라지고, 대신 눈치와 침묵이 안전한 선택이 된다. 그러나 질문 없는 공간은 창의성도, 진정한 대화도 싹틀 수 없다. 질문이 없는 사회는 성장을 멈춘 사회다.

✦ 질문은 민주주의의 엔진이다

철학자 한나 아렌트Hannah Arendt는 "생각하지 않는 사람은 악을 분별하지 못한다."라고 말했다. 나는 여기에 이렇게 덧붙이고 싶다.

"생각은 질문에서 시작되고, 질문은 말할 수 있는 용기에서 비롯된다."

민주주의는 단순히 다수결로 결정되는 체제가 아니다. 소수가 안전하게 질문할 수 있는 분위기, 자신의 생각을 자유롭게 말할 수 있는 구조, 그리고 상대의 말에 의문을 던질 수 있는 환경에서 형성된다.

"왜 이 정책이 필요한가요?", "다른 선택지는 없었나요?"라는 단순한 물음들이야말로 지속 가능한 사회를 이루는 토대다.

질문은 권력을 감시하는 눈이 되고, 다수의 침묵 속에서 소수의 목소리를 드러내며, 무엇보다 '우리는 함께 생각하고 있다'는 연결의 메시지를 만들어낸다.

따라서 질문이 사라진 사회는 위험하다. 그곳에서는 진실이 가려지고, 관계는 피상적인 응답만 남는다. 질문 없는 사회는 더 편해 보일 수는 있어도, 결코 더 나아지지 않는다. 질문은 사회를 지탱하는 산소이며, 질문이 사라질 때 민주주의도 호흡을 멈춘다.

✦ 지금, 마음에 새겨야 할 문장

- 질문이 사라지면 생각이 멈추고, 생각이 멈추면 사회는 방향을 잃는다.
- 질문은 개인의 힘이 아니라, 사회를 바꾸는 시작점이다.

> ▶ 오늘의 질문
> 나는 언제부터 질문과 멀어지기 시작했는가?
> 지금 우리 사회는 질문을 기꺼이 받아들이는가?

인간만이 던질 수 있는 질문

"좋은 질문은 대화의 시작일 뿐 아니라,
관계 회복의 첫걸음이다."
— 존 가트만 John Gottman

"요즘 많이 피곤해 보이네."
"그 일, 혹시 아직도 마음에 남아 있어?"
"괜찮다고 했지만, 혹시 더 말하고 싶은 건 없을까?"

이런 말들은 단순한 궁금증이 아니다. 마음을 쓰고 있다는 신호이자, 관심을 전하는 따뜻한 표현이다. 그럼에도 우리는 종종 망설인다. 혹시 불편해하진 않을까, 괜한 상처를 건드리는 건 아닐까, 혹은 대답을 듣고 더 미안해질까 봐 묻지 않는 쪽을 택한다. 그러나 아이러니하게도 묻지 않는 침묵이 관계의 단절을 빠르게 만든다.

진짜 위험은 질문에서 오는 것이 아니다. 아무도 묻지 않고, 아무도 들어주지 않는 관계에서 시작된다. 질문은 때로 서툴 수 있지만, 침묵은 마음의 거리를 넓힌다. 그러므로 작은 마음씀을 내어 묻는 것, 그것이 관계를 다시 이어가는 첫걸음이다.

✦ 가까운 관계일수록 질문은 더 필요하다

우리는 흔히 가까운 사람일수록 굳이 묻지 않아도 알 거라고 착각한다. 부부, 부모와 자식, 연인, 오랜 동료들 사이에서 "굳이 말 안 해도 알잖아."라는 말은 친밀함의 표현처럼 보이지만, 사실은 감정의 생략이고 궁금함의 포기이며, 서로를 읽으려는 노력의 중단일 수 있다. 하지만 뇌는 그렇게 작동하지 않는다.

하버드 뇌과학자 리사 펠드먼 배럿Lisa Feldman Barrett에 따르면, 인간의 감정은 '예측과 해석'의 결과일 뿐 결코 투명하게 읽히지 않는다. 상대방이 무표정하게 앉아 있다면, 그 안이 외로움일지 분노일지, 무기력일지 사랑일지 질문 없이는 알 수 없다.

질문은 단지 호기심의 표현이 아니라 관계를 계속 살아 있게 만드는 생물학적 행위다. 심리학자 존 가트만John Gottman은 부부 관계를 예측하는 핵심 요소로 '정서적 호기심'을 꼽았다. 질문이 오가는 관계는 갈등 속에서도 복원력을 가지며, 감정을 내어놓고 함께 조율할 수 있는 여지를 확보한다.

필요한 것은 거창한 기술이 아니다. "지금 네 마음 안에는 어떤 생각이 있어?", "내가 그때 너무 몰랐던 건 아닐까?"라는 소박한 질문들이 소통하게 만든다. 질문은 답을 끌어내려는 시도가 아니라 그 사람의 마음 안에 함께 머물겠다는 선언이다. 그리고 그 마음이 와닿을 때, 관계는 다시 숨을 쉰다.

✦ 지금, 마음에 새겨야 할 문장

- 질문은 누군가의 마음에 들어가기 위한 가장 조용하고 따뜻한 초대장이다.
- 질문은 용기이고, 그 용기는 관계를 다시 숨 쉬게 만든다.

> ▶ **오늘의 질문**
>
> 오늘 가장 가까운 사람에게 건네고 싶은 질문은 무엇일까?
>
> 지금, 나의 관심이 침묵으로 전달되고 있지는 않은가?

AI와의 대화 vs 인간과의 대화

"기술은 공감을 흉내 낼 수는 있어도,
감정을 '느끼는' 일은 오직 사람만이 할 수 있다."

— 셰리 터클 Sherry Turkle

"요즘 아이가 속마음을 AI랑 더 많이 나눠요."

한 학부모가 깊은 한숨과 함께 꺼낸 말이다. 놀라운 건 그 아이가 단순한 장난이 아니라 "엄마보다 챗GPT가 나를 더 잘 이해하는 것 같아요."라는 고백을 했다는 점이었다.
한편으로는 '왜 인간관계가 AI보다 어렵게 느껴질까'였다. 사람과의 대화에는 감정이 얽히고, 오해가 생기며, 복잡한 맥락이 따른다. 반면, AI에는 그런 감정적 부담이 없다. 정제된 응답, 빠른 반응, 편견 없는 태도. 그러나 정말 그것을 '대화'라고 부를 수 있을까?

상담 교육 프로그램 중 만난 한 고등학생도 툭 던지듯 말했다.

"선생님, 저 요즘 챗GPT랑 대화 많이 해요. 친구한테 말하면 뒷말 나오고, 부모님한테 말하면 잔소리 나오니까, 걘 조용히 듣고, 위로도 해 줘요."

그의 말은 충격이자 동시에 중요한 신호였다. 그가 AI를 친구처럼 느낀 이유는 정보 때문이 아니라 판단하지 않는 태도 때문이었다. 그러나 나는 그 말속에 숨어 있는 공허함을 읽을 수 있었다. 그래서 되물었다.

"챗GPT한테 말하면 마음이 좀 풀리니?"

"아뇨, 풀리는 건 아니고, 그냥 말할 데가 없으니까요."

AI는 분명 유용하다. 정보를 빠르게 요약해 주고, 글을 세련되게 다듬어주며, "정말 힘드셨겠어요.", "당신은 소중한 사람이에요."와 같은 위로의 말도 쉽게 건넨다. 그러나 그 말들이 감정적으로 '닿는가'는 전혀 다른 이야기다. 나는 강의장에서 이렇게 묻곤 한다.

"누군가가 내 마음을 진심으로 들어준 적이 있나요?"

그러면 많은 이가 고개를 젓는다. 누군가와 대화는 했지만, 들어주는 사람이 없었다는 외로움. 그 공허함을 AI가 채워줄 수는 없다. AI는 질문도 잘하고, 응답도 빠르며, 정보를 정리하고 논리를 세우는 데는 탁월하다. 그러나 그것은 감정의 기반이 아니라 알고리즘의 계산에서 나온 반응일 뿐이다.

✦ 인간의 대화는 예측 불가능성에서 온다

사람과의 대화는 완벽하지 않다. 중간에 말이 끊기기도 하고, 서로 눈치를 보기도 하며, 때로는 울컥하는 감정이 섞여 나오기도 한다. 그러나 바로 그 불완전함 안에서 진짜 공감과 연결의 가능성이 있다.

한번은 워크숍에서 한 어르신이 "누군가 내 이야기를 아무 판단 없이 들어준 건 처음이에요."라며 눈물을 흘리셨다. 상대의 마음을 연 것은 그 어떤 논리적인 질문이 아니었다. 다만 고개를 끄덕이며 "그래서요?"라고 조용히 이어간 반응이었다.

그건 AI가 흉내 낼 수 없는 것으로 사람만이 만들어 내는 감정이다. 대화의 힘은 완벽함에 있지 않고, 불완전함을 함께 견디려는 진심에 있다.

✦ AI와 인간의 대화를 구분하는 결정적 차이

구분	AI와의 대화	인간과의 대화
반응 방식	정제된 데이터 기반 응답	감정, 맥락, 눈빛, 톤까지 포함된 반응
피드백의 뉘앙스	친절하지만 평면적	불완전하지만 진심이 느껴질 수 있음
대화의 목적	정보 교환 중심	감정 공유, 공감, 연결 중심
실수에 대한 반응	오류나 공감이 없음	실수하더라도 진심이 느껴지면 용서와 치유 가능
관계의 지속성	매번 새로움	맥락과 기억이 축적되며 신뢰가 생김

한 고등학생이 질문했다.

"선생님, 챗GPT는 제가 무엇을 물어도 다 아는 것 같아요. 그런데

제가 정말 알고 싶은 건, '제가 잘하고 있는지'예요."

AI는 정보를 줄 수는 있지만 "너는 충분해!", "네 속도도 괜찮아!"라는 말은 누군가의 눈빛과 온기를 통해서만 전해질 수 있다. 그래서 대화는 여전히 인간의 영역이다. 감정이 묻고 온기가 응답하는 것, 이 모든 것은 인간만이 줄 수 있는 것이다.

AI는 정답을 알려줄 수 있지만, 사람만이 '너와 함께 있겠다'는 존재의 메시지를 전할 수 있다.

✦ **지금, 마음에 새겨야 할 문장**

- AI는 정보를 묻고, 인간은 존재를 묻는다. 감정을 읽고 마음을 연결하는 대화는 오직 인간만의 몫이다.

▶ **오늘의 질문**
나는 오늘, 누군가의 감정을
진심으로 '들어주는 사람'이었는가?

6장

관계를 살리는 대화 연습

> 우리는 왜 늘 같은 말만 반복할까?
> 화가 나면 뇌는 방어 회로를 켜고, 대화는 제자리걸음을 한다.
> 그래서 감정을 말로 표현하는 훈련이 필요하다.
> '내가 옳다'는 착각을 내려놓을 때 비로소 대화가 시작된다.
> 그리고 작은 회복적 질문 하나가 관계를 다시 살린다.

회복은 말보다 감정 공간에서 시작된다

우리는 종종 관계가 멀어지는 이유를 '다름'에서 찾는다. 그러나 내가 많은 상담과 교육 현장에서 마주한 진짜 이유는 '다름'이 아니라 '모름'이었다. 그리고 그 '모름'은 대부분 '묻지 않음'과 '제대로 듣지 않음'에서 비롯되었다.

사람은 누구나 자신의 이야기를 하고 싶어 한다. 그러나 동시에 그 이야기가 안전하게 받아들여질 수 있는 공간을 갈망한다. 그 공간을 만드는 힘이 바로 좋은 질문과 진심 어린 경청이다. 말이 많다고 해서 좋은 대화가 되는 것은 아니다. 말보다 적절한 침묵, 온몸으로 듣는 태도, 그리고 한마디의 정중한 질문이 관계를 바꾼다.

나는 오랜 시간 동안 진정한 대화를 이끄는 사람은 말을 잘하는 사람이 아니라 들을 줄 아는 사람임을 배워왔다. 상대방이 내 질문 앞에서 생각을 정리할 시간, 감정을 느끼고 표현할 시간, 그리고 나를 신뢰해도 될지를 시험할 시간이 필요하다. 그 기다림은 단 몇 초일 수도, 며칠일 수도, 혹은 몇 년이 걸릴 수도 있다. 이는 관계가 깊어지는 시간이다. 그러므로 말보다 더 중요한 것은 질문 이후의 침묵을 견디는 인내다.

우리는 종종 말을 통해 관계를 회복하려 한다. 그러나 말은 관계의 재료일 뿐, 회복을 가능케 하는 건 기다림의 태도다. 그 기다림은 상대가 스스로 말하게 만들 수 있을 만큼 신뢰를 주는 공간 위에서 가능하다. 그때 비로소 대화는 단순한 말의 주고받음을 넘어 서로의 삶을 이어주는 다리가 된다.

6장에서는 내가 어떻게 질문하는 삶의 습관을 만들어왔는지, 어떤 질문이 마음을 열고 어떤 말이 관계를 막는지,

그리고 말보다 기다림과 경청이 더 효과적인 순간들을 함께 들여다보고자 한다.

　말이 관계의 도구라면, 질문과 경청은 관계의 온도와 깊이를 조절하는 감각이다. 이제부터는 '무엇을 말할까'보다 '어떻게 물을까, 어떻게 들을까'를 연습해야 한다. 당신의 말보다 당신의 침묵과 태도가 누군가의 기억 속에 더 오랫동안 남게 해야 한다. 그리고 그 기억은 단순한 대화의 흔적을 넘어서 누군가에게 안전한 공간이 되어줄 것이다.

화를 낼 때 뇌에선 무슨 일이 일어날까?

"감정은 우리가 선택하지 않지만,
반응은 선택할 수 있다."
- 대니얼 골먼Daniel Goleman

아침 회의 시간이었다. 팀장이 자료를 훑어보더니 말했.
"이 정도 자료로 되겠어? 몇 번을 말해도 왜 이런 식이야?"
말끝이 뾰족했다. 순간 얼굴이 화끈 달아오르고, 가슴에서 쿵 하고 치밀어 오르는 것을 느꼈다. 입안에서는 '그럼 직접 하시지 그러셨어요?'라는 말이 튀어나올 뻔했다. 하지만 잠시 입을 다물고 숨을 크게 들이쉬었다. 몇 초의 멈춤 끝에 차분한 목소리로 물었다.

"죄송합니다. 어떤 부분이 가장 부족해 보이셨는지 말씀해 주실 수 있을까요?"

돌아보면 그 짧은 6초의 멈춤이 그날 하루를, 그리고 상사와의 관계를 바꾸었다. 감정은 저절로 올라오지만 반응은 내가 선택할 수 있다. 잠시의 멈춤과 호흡, 그리고 정중한 질문 하나가 대화를 갈등의 장이 아니라 협력의 장으로 바꾸는 힘이 된다.

✦ 화는 생존 본능이다

'화'는 단순한 부정적 감정이 아니다. 인간이 위협에 반응하기 위해 진화시켜 온 본능적 생존 시스템에서 비롯된다. 위험을 인식하는 순간, 뇌는 즉시 신체를 전투 상태로 준비시키는데, 이때 작동하는 핵심 부위가 바로 편도체다. 편도체는 감정 처리를 담당하며, 뇌의 다른 부위보다 먼저 자극에 반응한다. 즉, 화란 뇌가 실제든 해석된 것이든 위협을 감지하고 '싸우거나 도망쳐라'라는 명령을 내릴 때 나타나는 생리적 방어 반응이다.

화를 느끼는 순간, 뇌는 시상하부-부신 축을 통해 스트레스 호르몬인 코르티솔과 아드레날린을 분비한다. 이로 인해 심박수는 빨라지고, 혈압은 높아지며, 호흡이 거칠어지고, 근육이 긴장한다. 말투와 표정이 날카로워지는 것도 이 때문이다. 이러한 변화들은 모두 생존을 위한 일시적인 '동원 상태'지만, 반복되면 건강과 인간관계 모두에 악영향을 끼친다.

<u>화는 억눌러야 할 감정이 아니라, 이해하고 다뤄야 할 생리적 신호다. 신호를 인식하고 반응 방식을 선택하는 순간, 화는 관계를 해치는 무기가 아니라, 스스로를 보호하고 성장으로 이끄는 자원이 될 수 있다.</u>

심리학자 대니얼 골먼은 이를 '편도체 하이재킹amygdala hijacking'이라 부른다. 이 상황에서는 전두엽의 작동이 잠시 억제되어 논리적 판단보다 충동적 반응이 앞서고, 말과 행동에 대한 제어력이 급격히 떨어진다. 그 결과 평소라면 하지 않았을 말이나 행동이 불쑥 튀어나오고, 이는 관계에 큰 상처를 남기며 곧바로 후회로 이어진다. 순간의 폭발이 지나고 나면 '왜 그랬을까'라는 자책이 따라오지만, 이미 말은 되돌릴 수 없다.

그렇기에 화를 다스린다는 것은 감정을 억누르는 것이 아니라, 그 짧은 순간 전두엽이 다시 개입할 수 있도록 시간을 벌어주는 일이다.

✦ 화는 6초 이내에 절정에 도달한다

화는 강렬하지만 오래 지속되지는 않는다. 과학자들에 따르면, 강한 감정 반응은 평균 6초 안에 최고점에 도달한 뒤 뇌의 자연스러운 작용에 따라 서서히 가라앉는다. 즉, 그 짧은 6초 동안 우리는 감정이 아니라 생존 회로의 지배를 받는 상태인 셈이다.

따라서 이 '6초의 공간'을 인식하고 대응하는 것이 곧 감정 조절의 핵심이다. 단 몇 초의 멈춤, 한 번의 깊은 호흡, 짧은 시선 돌리기만으로도 전두엽이 개입할 시간을 벌 수 있다. 그 시간을 확보할 때 우리는 화의 노예가 아니라 감정의 주인이 된다.

6초의 법칙 실전 팁:

1. 숨을 크게 들이쉬고 내쉰다. (1초)
2. 손이나 다리에 집중하며 감각을 느낀다. (2~3초)
3. 속으로 숫자를 3까지 센다. (3~6초)
4. 그리고 말한다. "조금만 생각해 볼게요."

이 간단한 멈춤은 뇌가 전두엽을 다시 켤 시간을 벌어준다.

✦ 화는 억누르는 게 아니라 다루는 것이다

화를 무조건 억누르거나 회피하는 것은 오히려 감정 왜곡과 심리적 폭발을 초래할 수 있다. 미국심리학회APA는 '화는 억제의 대상이 아니라, 인식하고 조절해야 할 감정'이라고 강조한다. 중요한 것은 화를 참는 것이 아니라, 화가 나고 있는 '나 자신'을 자각하고 안전하게 표현하는 방법을 배우는 일이다. 즉, 화는 억압이 아니라 관찰에서 시작된다. 그리고 그 감정을 상대를 향한 공격이 아니라 자기표현의 언어로 바꿀 때 비로소 건강한 대화가 가능해진다.

"지금 제 기분이 조금 불편합니다."
"그 말이 제게는 상처로 느껴졌어요."

이런 표현은 화를 쏟아내는 것이 아니라, 내 감정을 설명하는 방식이다. 공격 대신 설명을 선택할 때, 관계는 무너지지 않고 오히려 회복의 여지를 갖게 된다. 결국 화를 다스린다는 것은 감정을 부정하는 것이 아니라, 감정을 '표현하는 방식'을 바꾸는 것이다.

✦ 지금, 마음에 새겨야 할 문장

- 화는 뇌가 위험에 반응하는 생존 감정이며, 6초만 멈추면 관계를 망치지 않는 선택이 가능하다.

> ▶ **오늘의 질문**
>
> 당신은 '화를 느낀 순간'에 어떻게 반응했는가?
>
> 다음에 또 그런 상황이 온다면,
>
> 나는 어떤 '6초'를 선택할 수 있을까?

감정을 말로 표현하는 연습

"진심은 말보다 먼저 표정에 드러나고,
말보다 오래 눈빛에 남는다."
— 폴 에크만Paul Ekman

감정은 우리 안에서 일어난다. 그러나 그 감정을 말로 풀어내는 일은 생각보다 어렵다. 많은 사람은 자신의 감정을 정확히 인식하지 못하거나, 인식하더라도 표현하지 않는다. 왜냐하면 표현은 때로 부끄러움이나 갈등을 동반하기 때문이다.

"그런 말을 하면 유난스러워 보일까 봐.", "괜히 분위기 망칠까 봐." 라는 생각 때문이다. 그러나 감정을 표현하지 못한다고 해서 감정이 사라지는 것은 아니다. 오히려 행동으로 나타난다. 울컥 올라오는 말투, 깊게 내쉬는 한숨, 차갑게 굳은 눈빛, 돌려 앉은 자세 등 이런 비언어적 표현은 말보다 먼저 우리의 감정을 드러낸다.

문제는 우리가 그 신호를 읽지도 못하고, 또 말로도 풀어내지 않았을 때다. 그러면 상대방은 혼란에 빠지고 자신 또한 고립된다. 감정은 숨기는 것이 아니라, 이해받고 나눠야 가벼워진다. 감정을 표현한다는 것은 갈등의 위험을 높이는 일이 아니라, 오히려 관계를 지키는 솔직한 시작이다.

✦ 솔직한 감정이 대화를 살린다

"이제 공부 좀 하자."
"엄마는 맨날 잔소리만 해!"
"다 너 잘되라고 하는 말이야."

그러나 그 말은 아이의 마음에 닿지 않았고 대화는 멈춰 버렸다. 엄마는 속이 상해 잠들지 못하고 이런 생각이 든다.

'그냥 이렇게 말했으면 어땠을까? 엄마는 네가 요즘 너무 지쳐 보여서 걱정됐어. 혹시 무슨 고민이라도 있는 거니?'라고 말이다. 내 감정을 솔직하게 전했더라면, 아이도 조금은 마음을 열지 않았을까.
　말 대신 잠시 침묵하며 아이의 눈을 바라보는 것, 혹은 살며시 손을 얹는 따뜻한 동작만으로도 마음의 문을 열 수 있었을지 모른다.

　데이트 약속에 30분 늦은 연인에게 그녀는 차갑게 말했다.
　"또 늦었네. 역시 기대 안 하는 게 답이야."
　남자친구는 당황했고, 분위기는 순식간에 싸늘하게 식어버렸다. 하지만 그녀 안의 진짜 감정은 '화'가 아니라 '섭섭함'이었다. 오늘을 기다렸는데, 그 마음을 몰라주는 것 같아 서운했다는 게 진짜 그녀의 마음이었다. 만약 그 감정을 솔직하게 표현했다면 어땠을까?

　"오늘을 기대했는데, 늦는다는 말없이 기다리니까 좀 서운했어."

　이 말은 상대를 비난하는 대신 내 마음을 드러내는 표현이다. 그러면 상대는 방어하지 않고 공감으로 반응할 가능성이 높아진다. <u>관계를 멀어지게 하는 것은 '늦은 시간'이 아니라, 감정을 말하지 못하고 비난으로 바꿔버리는 우리의 습관이다.</u>
　감정을 인식하고 이름 붙이는 행위 '나는 지금 실망했다', '나는 지금 불안하다'라고 말하는 것은 감정을 정리하고 해소하는 데 매우 효과적인 뇌 작용을 일으킨다.

♦ 감정 표현은 훈련 가능한 '대화의 기술'

표현은 연습과 반복으로 익숙해진다. 그 첫걸음은 내 감정을 숨기지 않고 이름을 붙여보는 것이다.

"나는 지금 외롭다."
"나는 오늘 인정받고 싶었다."
"나는 무시당한 느낌이 들었다."

이처럼 감정을 말할 수 있다면, 이미 자신을 이해하고 있고 상대방과의 거리를 조금 더 좁힌 셈이다. '나는 지금 ~하다'라는 구조는 단순하지만 강력하다. '나는 지금 서운하다', '나는 지금 두렵다', '나는 지금 속상하다'라는 말은 나를 보호하고, 동시에 상대와 연결하는 통로가 된다. 비언어적인 표현도 마찬가지다. 감정이 격해졌을 때, 조용히 물 한 잔을 마시거나, 등을 돌리기 전 짧게 눈을 마주치는 것. 이런 작은 행동 하나가 때로는 많은 말보다 더 큰 메시지를 전한다.

감정은 표현해야만 전달된다. 표현하지 못한 감정은 멈춰서 결국 관계를 병들게 할 수 있다. '대화를 잘하는 사람'을 넘어 진정으로 자신을 이해하고 말할 수 있는 사람이 되어보자.

✦ 지금, 마음에 새겨야 할 문장

- 감정은 억누를수록 멀어지고, 표현할수록 연결된다.
- 감정을 말로 표현하는 순간, 우리는 관계 안에서 '안전한 나'로 다시 태어난다.

> ▶ 오늘의 질문
>
> 오늘, 가장 솔직하게 표현하지 못한 감정은 무엇이었는가?
> 그 감정을 말이든 몸짓이든 어떻게 표현해 볼 수 있을까?

'내가 옳다'는 착각 내려놓기

"진실은 하나가 아니다.
우리가 가진 관점의 수만큼, 진실은 다양하다."
— 하인리히 하이네 Heinrich Heine

사람은 누구나 자기만의 시선으로 세상을 본다. 이는 자연스러운 일이다. 문제는 우리가 그렇게 본 세계가 '유일한 진실'이라고 믿을 때 생긴다.

"왜 저 사람은 저렇게밖에 말 못하지?"

"상식적으로 생각하면 내가 맞는 거 아닌가?"

이런 생각은 말끝마다 상대를 밀어내고, 대화를 '이해의 자리'가 아니라 '논박의 전장'으로 만들어 버린다. 우리 뇌는 도파민 보상 시스템에 따라 '내가 옳다'는 확신에서 쾌감을 느낀다. 그래서 자신의 주장을 강화하는 정보만 받아들이고, 다른 시각을 배제하는 확증 편향이 강해진다. 이 편향은 이미 내린 판단을 더욱 굳히고, 상대의 관점을 쉽게 무시하게 만든다.

결국 우리는 서로의 '틀린 점'만 크게 느끼게 된다. 그렇게 대화가 아닌 논쟁으로, '정답 찾기'가 아닌 '승자 찾기'로 흐른다. 상대를 설득하려 할 때 진정한 대화는 사라지고 만다.

✦ 팀 프로젝트에서의 갈등

팀원1: "이건 이렇게 해야 맞아요."
팀원2: "그 방식은 지금 우리 상황엔 안 맞아요."

주장만 오간 회의 끝에 한 사람은 말없이 떠났고, 다른 이는 '또 내 말이 묵살됐군.' 하며 상처를 입었다. 이 갈등의 핵심은 '누가 옳은가'가 아니다. 누구의 말이 들렸는가, 그리고 누가 이해받았다고 느꼈는가이다.

이때 "내가 생각하는 방식이 있지만, 당신의 이야기도 듣고 싶어요." 이 한마디가 있었다면, 그 회의는 논쟁의 자리가 아니라 훨씬 유연하고 열린 대화의 장이 되었을 것이다.

대화는 옳고 그름을 가리는 기술이 아니라, 상대의 마음을 존중하며 함께 답을 찾아가는 과정이다.

✦ 연인 사이의 감정 충돌

남자친구: "내가 늦는다고 몇 번이나 말했는데 왜 또 화를 내?"
여자친구: "약속 시간 지키는 게 기본 아닌가? 그건 예의 문제지."

각자의 말은 틀리지 않았다. 하지만 둘 다 '자기 기준의 옳음'에 갇혀 있다. 이럴 때 필요한 건 옳고 그름을 따지는 말이 아니라, 이렇게 묻는 것이다.

"그 상황이 너한테 어떤 의미였는지 듣고 싶어."

이 한마디는 상대의 진짜 감정을 꺼내게 하고, 서운함을 이해로 바꾸는 전환점이 된다. 대화를 바꾸는 힘은 '옳음'이 아니라 '이해하려는 태도'에서 나온다.

✦ 부모와 자녀의 공부 문제

엄마: "학원 숙제는 왜 또 안 했어? 그게 너한테 얼마나 중요한 건지 몰라?"
아이: "내 방식대로 해 보려고 했어. 근데 자꾸 뭐라고 하니까 그냥 하기 싫어져."

엄마는 자녀의 '미래'를 생각했고, 자녀는 자신의 '자율성'을 지키려 했다. 이 갈등의 본질은 '누가 더 옳은가?'가 아니라, '누구의 방식이 더 존중받고 있는가?'에 있다. 만약 엄마가 이렇게 말했다면 어땠을까?
"네가 그렇게 느낄 줄은 몰랐어. 어떻게 하면 숙제도 하고 너 방식도 지킬 수 있을까?"

그 말은 아이의 반항심을 누그러뜨리고 협력으로 이어졌을 것이다. 관계를 바꾸는 힘은 강요가 아니라 '인정'에서 비롯된다.

✦ 직장에서의 불필요한 고집

팀장: "이건 내가 수십 번 해 본 방식이야. 새로 할 필요 없어."
사원: "요즘은 자동화 도구가 있어서 더 효율적인데요."

팀장은 경험을 근거로 했고, 사원은 최신 정보를 근거로 했다. 그러나 만약 팀장이 먼저 이렇게 말했다면 어땠을까?

"그 방식이 정말 효과적이라면, 나도 배우고 싶어. 김 과장이 시범을 보여 줄 수 있겠나?"

이런 태도는 격을 떨어뜨리는 것이 아니라, 배움의 유연성을 드러내는 것이다. 그리고 그 유연성은 팀 분위기를 방어가 아닌 협력으로, 경직이 아닌 성장으로 바꾸는 힘이 된다.

✦ 자존감과 유연성의 균형은 어떻게 만들어지는가?

우리는 흔히 착각한다. 유연해지면 '밀리는 것' 같고, 내 생각을 꺾으면 '지는 것' 같다고. 자존감이 낮을수록 '틀리다'는 사실에 과도하게 방어적이 된다. 그러나 진짜 강한 자존감은 자기주장을 끝까지 밀어붙이는 데 있지 않다. 상대의 입장을 충분히 수렴하고도 자신을 잃지 않는 데 있다. 마음이 단단한 사람일수록 말은 오히려 부드럽다. 왜냐하면 그들은 자신의 가치를 타인의 인정이나 승부에서 찾지 않기 때문이다. 심리학자 애덤 그랜트Adam Grant는 『Think Again』에서 이렇게 말한다.

"자기 확신을 버릴 용기를 가진 사람만이, 더 나은 대화를 이끌 수 있다."

생각을 바꾸는 것은 자신을 부정하는 것이 아니라, 더 큰 이해와 성장을 향해 자신을 확장시키는 일이다. 그때 대화는 승부가 아닌 배움의 장으로 바뀐다.

✦ "그럴 수도 있겠네."라는 말의 힘

누군가와 대화할 때, 정답을 말하는 대신 이렇게 말해 보자.

"그럴 수도 있겠네."

이 한마디는 내 자리를 내주지 않으면서도 상대의 이야기를 받아들일 여지를 남긴다. 또 "내가 보기엔 이래, 근데 네 얘기도 듣고 싶어."라는 말은 '주도권'을 내려놓는 것이 아니라, '함께 가자'는 제안이다. 이런 말이 오갈 때 대화는 승패가 아니라 연결을 향한다.
"내 말이 맞잖아."라는 말 대신 "나는 이렇게 생각해. 너는 어때?"

라고 말해 보자. 그 짧은 전환이 대화를 승패의 언어에서 가능성의 언어로 바꿔줄 것이다.

✦ 지금, 마음에 새겨야 할 문장

- 유연하다는 건 흔들리는 게 아니라, 흔들려도 중심을 잡을 줄 아는 자존감의 표현이다.

▶ 오늘의 질문

나는 오늘 하루 동안, 내 입장만 옳다고 믿었던 순간이 있었는가?
내가 먼저 "그럴 수도 있겠네."라고 말할 수 있는
대화는 무엇이었을까?

말 공부, 지금 시작해도 늦지 않다

"사람들은 당신이 한 말도, 당신이 한 행동도 잊을 것이다.
그러나 당신이 어떤 감정을 느끼게 했는지는 결코 잊지 않는다."
- 마야 안젤루Maya Angelou

우리는 종종 말의 힘을 간과한다. 그러나 말은 우리의 삶과 인생의 방향에 중대한 영향을 미친다. 말을 바꾸는 것은 단순한 표현의 차이가 아니라, 자기 인식과 사고의 변화를 이끄는 중요한 과정이다. 자기 변화의 출발점은 곧 말의 변화에 있다. 그리고 그 변화는 결코 늦지 않다.

뇌는 유연성과 적응력이 뛰어난 기관이기에 우리가 말의 습관을 바꾸기 시작하면, 뇌도 즉각적으로 반응하며 변화를 시작한다.

"나는 원래 말이 서툴러."
"이 나이에 바뀔 수 있을까?"
"지금 와서 무슨 말 공부야."

신경과학자 노먼 도이지 Norman Doidge는 뇌의 '가소성'을 통해 이렇게 설명한다.

"인간의 뇌는 경험에 따라 재구성되며, 그 변화는 나이와 상관없이 계속된다."

즉, 말투도, 표현 방식도, 감정을 전달하는 습관도 오늘부터 달라질 수 있다. 우리는 반복된 방식으로 말하고, 그 말은 우리의 관계와 삶의 질을 결정짓는다. 말투는 사고방식이며, 자신도 모르게 굳어진 말 습관은 신경 경로처럼 고착화된다.

그러나 말투는 다시 배울 수 있다. 특히 질문 중심의 말 습관은 뇌의 전두엽을 자극하고, 공감과 유연성을 촉진시켜 관계에 긍정적인 영향을 준다. 매일 조금씩 자신의 말을 돌아보고, 상대의 반응을 관찰하며, 의도적으로 질문을 던지는 연습을 한다면, 뇌는 그 경험을 기억하고 학습한다.

　말의 품격이란, 얼마나 정확하냐가 아니라 얼마나 진심이 담겼느냐에 있다. 말을 잘하는 사람은 정보를 많이 아는 사람이 아니라, 말할 때 상대의 감정을 존중하는 태도를 가진 사람이다. 태도의 밀도란, '말하는 순간 그 사람을 얼마나 깊이 의식하고 있느냐'의 농도이다. 심리학자 칼 로저스는 이렇게 말했다.

"진정한 대화란, 말이 아니라 태도로 하는 것이다."

　이 말은 특히 감정이 얽힌 관계에서 절실하게 다가온다. 상대를 향한 깊은 경청, 서툴지만 진심이 담긴 공감 이런 순간들은 긴 설명보다 훨씬 강한 울림을 남긴다.

　관계를 바꾸는 힘은 정보가 아니라 '태도'다. 그러나 우리는 대화에서 흔히 '설명하려는 욕구'에 빠진다. 상대가 감정을 표현하면 "그건 이렇게 생각하면 돼."라고 말하고, 문제가 나오면 "이렇게 해결하면 되잖아."라고 말하고 싶어진다.

　하지만 때로는 말보다 먼저 필요한 것이 있다. 바로 '상대의 이야기를 끝까지 들어주는 태도'와 '그 감정이 어떤 것인지 이해하려는 자세'다. 이것이야말로 말의 품격을 결정짓는 '태도의 밀도'다.

　우리는 그동안 정보 중심의 말에 익숙해져 있었다. 그러나 오늘부터는 질문 중심의 말, 그리고 공감이 스며든 말로 하루를 시작해 보자. 뇌는 매일 새롭게 변화할 수 있는 유연한 장기이며, 그 변화는 바로 당신의 말에서 시작된다.

✦ 지금, 마음에 새겨야 할 문장

- 지금의 말 습관이 평생을 좌우하지는 않는다. 말은 연습할수록 달라지고, 관계는 그 말과 함께 깊어진다.

> ▶ 오늘의 질문
> 나는 오늘 어떤 말 한마디로,
> 나와 가까운 이들을 성장시킬 수 있을까?
> 내 말은 정보만 전달하고 있는가,
> 아니면 마음을 전달하고 있는가?

회복적 질문으로 갈등을 푸는 법

"갈등은 잘못된 것이 아니다.
다만 그 갈등을 다루는 방식이 우리를 더 멀게 만들 수도,
더 가깝게 만들 수도 있다."
— 하워드 제어 Howard Zehr

갈등이 터졌을 때 우리는 흔히 원인을 묻기보다 '책임'을 따진다. "도대체 왜 그랬어?", "그렇게밖에 못 했니?"
겉으로는 설명을 요구하는 것 같지만, 사실은 상대를 몰아붙이는 판단의 말이다.
중학생인 S가 엄마와 말다툼을 한 뒤 상담실에 찾아왔다.

"선생님, 엄마는 늘 내가 뭘 잘못했는지만 캐물어요. 왜 늦었냐, 왜 미리 말 안 했냐, 왜 네가 그렇게 굴었냐…."

"네가 그렇게 말할 때 엄마의 마음은 어땠을까?"
"그 상황에서 엄마가 가장 바랐던 건 뭐였을까?"

그 질문에 아이는 잠시 생각하더니 고개를 들며 말했다.

"나한테 미안하다고 해 주길 바랐을지 몰라요."
질문 하나가 갈등의 무게를 덜어내고, 이해의 실마리를 만들었다.

✦ 회복적 질문이란 무엇인가?

회복적 질문은 갈등이 생겼을 때 상대를 탓하거나 단순히 설명만 요구하는 대신, '감정·책임·회복'의 관점에서 질문을 던지는 방식이다. 영국, 캐나다, 뉴질랜드의 교육 현장과 교정 기관, 공동체 회복 프로그램에서 활용되며, 수많은 갈등 상황에서 신뢰의 회복과 관계의 재구성을 가능하게 만들었다.

기존의 대화가 '누가 잘못했는가'에 집중한다면, 회복적 질문은

'누구의 감정이 다쳤고, 우리는 어떻게 다시 연결할 수 있는가'를 묻는다.

초등학교 고학년 수업 중 두 학생이 심하게 다투었다. 서로 '얘가 먼저 때렸다', '쟤가 놀렸다'라며 끝없는 공방을 이어가던 상황에서 교사는 아이들을 불러 이렇게 물었다.

"그때 너는 어떤 기분이었니?"
"그 행동으로 상대는 어떤 기분이었을까?"
"다시 그 상황으로 돌아간다면 어떻게 하고 싶니?"
"서로에게 하고 싶은 말이 있을까?"

잘잘못을 따지기보다 감정을 열어준 질문은 아이들에게 성찰의 기회를 남겼고, 둘은 마침내 눈을 피하지 않은 채 "나도 기분이 나쁘긴 했지만 생각해 보니 미안해.", "나도 미안, 다시는 안 그럴게."라며 화해했다.

비슷한 방식은 학교폭력 사건에서도 힘을 발휘했다. 한 중학교에서 가해 학생과 피해 학생이 교실 분위기 전체를 얼어붙게 했을 때, 담임교사는 이렇게 물었다.

"그 상황에서 너는 어떤 기분이었니?"
"네 행동이 상대에게 어떤 영향을 줬을까?"
"앞으로 비슷한 상황이 생기면 어떻게 다르게 행동할 수 있을까?"

그 갈등은 처벌의 끝이 아니라 '이해의 시작'이 되었다.

부부 상담에서도 마찬가지다. 남편은 아내의 반복된 말에 지쳐 있었고, 아내는 남편이 자신을 무시한다고 느끼며 벽을 세웠다. 서로 "넌 늘 그래.", "넌 날 이해 못 해!"라는 말로 공격할 때 나는 이렇게 물었다.

"당신이 이 말속에서 느끼는 가장 큰 감정은 무엇인가요?"
"그 감정을 상대가 조금이라도 알아준다면, 무엇이 달라질까요?"

남편은 "나는 늘 무시당한다고 느껴요.", 아내는 "난 그냥 알아봐 주길 바랐어요."라고 말했다. 문제의 본질은 말투나 행동이 아니라, '서로의 감정이 설명되지 않고 방치된 것'이었다.

♦ 회복적 질문의 구조

단계	질문 예시	의도
감정 인식	"그때 어떤 기분이었니?"	감정 중심 접근
상대 감정 이해	"그 행동은 상대에게 어떻게 느껴졌을까?"	공감 능력 촉진
책임 공유	"그 상황에서 네 역할은 뭐였다고 생각해?"	책임 분산, 몰입 방지
회복 희망 표현	"앞으로 어떻게 관계를 회복하고 싶니?"	관계 재구축의 실마리 제공
용서와 화해 유도	"서로에게 하고 싶은 말이 있다면?"	마무리, 정서적 안도감 형성

미국 워싱턴 주립대 교육사회학 연구에 따르면, 회복적 질문을 도입한 학교의 분쟁 재발률은 43% 감소했고, 학생들의 자기 성찰 능력은 평균 31% 증가했다. 회복적 질문은 단순히 감정을 확인하는 데 그치지 않고 자존감을 높이고, 자기 책임감을 자각하게 하며, 타인의 관점을 수용하는 변화까지 끌어낸다.

좋은 질문은 결론을 서두르지 않고, 마음을 묻는 기회를 남겨둔다. 갈등은 '관계가 끝났다'는 신호가 아니라 '이 관계를 어떻게 다시 이어갈 것인가'라는 물음이 필요한 때다.

나 역시 수많은 가족, 친구, 직장 내 갈등을 목격해 왔다. 그중 가장 깊은 인상은 질문 앞에서 누군가가 처음으로 '이해받았다'는 감정을 경험하는 순간이었다. 이해받는 느낌은 변화의 가장 확실한 출발점이 된다.

질문이 기적을 만들지는 않는다. 그러나 질문은 상처 난 마음을 '그냥 지나칠 수 없는 자리'로 바꾸고, 그곳에 누군가가 머물게 한다. 그 작은 멈춤이 바로 회복의 시작이다.

✦ 지금, 마음에 새겨야 할 문장

- 갈등의 끝에는 답보다 질문이 필요하다.
- 회복은 판단이 아니라, 감정 중심의 질문에서 시작된다.

> ▶ 오늘의 질문
>
> 지금 내가 멀어진 누군가에게,
> "지금 당신의 마음은 어떤가요?"라고 물어볼 수 있을까?

7장

질문하는 삶으로 전환하기

> 질문은 단순한 기술이 아니라 삶을 대하는 '태도'다.
> 하루를 여는 질문이 오늘의 방향을 바꾸고,
> 하루를 닫는 질문이 내일의 마음을 준비한다.
> 질문은 나를 비추는 거울이 되며,
> 타인과의 관계를 바꾸고 삶을 성장시킨다.
> 결국 질문은 우리가 살아가는 방식을 결정짓는 힘이다.

질문은 기술이 아니라 살아가는 방식이다

우리는 자라면서 늘 정답을 요구받는 삶에 익숙해졌다. 시험에서는 하나의 답을 찾아야 했고, 면접에서는 똑 부러지고 매끄러운 대답을 준비해야 했다. 질문은 언제나 정답을 끌어내기 위한 도구였을 뿐, 삶을 이끄는 주체적인 언어로 존중받은 적은 거의 없었다.

그러나 나는 교육자이자 엄마, 그리고 상담자로 살아온 긴 시간 동안 확신하게 되었다. 사람을 바꾸는 것은 정답이 아니라 바로 '질문'이라는 것을.

정답은 빠르게 길을 알려주지만, 질문은 그 길이 내 삶에 정말 맞는지 다시 묻게 한다. 그래서 질문은 단순한 정보 탐색이 아니라 삶의 방향을 새롭게 열어주는 방식이다.

✦ 질문은 정보가 아니라 연결의 언어이다

　인공지능은 정보를 정확히 알려준다. AI에게 무엇이든 물으면 최신의 논리적 답이 신속하게 돌아온다. 하지만 그 답이 마음을 움직일 수 있는지는 별개의 문제다. 우리가 감동받는 순간은 이런 질문이 오갔을 때이다.

"그 이야기를 꺼낼 때 어떤 마음이었어요?"
"지금 당신에게 가장 간절한 건 무엇인가요?"

　이처럼 마음 깊이 파고드는 질문은 정보를 얻기 위한 수단이 아니라 감정을 공유하고, 연결을 복원하며, 삶의 내면에 귀를 기울이게 하는 언어다.

　표면적인 질문은 많다.
"오늘 뭐 했어?", "괜찮아?", "왜 그래?"
　그러나 진짜 질문은 용기가 필요하다.

"그 일 뒤에 남은 감정은 무엇이었나요?"
"지금 당신을 가장 외롭게 만드는 건 무엇인가요?"
"당신 삶에서 아직도 해명되지 않은 질문이 있다면, 그건 무엇인가요?"

 이런 질문은 상대를 흔들고, 때로는 나 자신까지 마주하게 만든다. 그래서 질문은 기술이 아니라 삶의 방식이다. 지속해서 묻고, 귀 기울이고, 대답이 나올 때까지 기다리는 삶의 자세이다.
 이제 우리는 질문을 배우는 것을 넘어, 질문으로 살아가는 시간을 시작해야 한다.

✦ 질문은 타인을 위한 것이 아니라, 나를 위한 것이다

 질문은 나를 향한 솔직한 응시이자, 내 삶을 매일 새롭게 설계하는 창조적 도구다. 그래서 오늘, 나는 스스로에게 물어야 한다.

"나는 어떤 질문으로 하루를 열고, 또 닫고 있는가?"
"나는 지금 누구에게 어떤 질문을 던지고 있는가?"
"나는 내 마음에게도 진심으로 묻고 있는가?"

좋은 질문 하나가 하루의 방향을 바꾸고, 때로는 인생 전체의 궤적을 다시 그려준다.

질문은 단순한 배움의 도구가 아니다. 그것은 성장의 발판이며, 관계를 회복시키는 힘이다. 지금 당신이 놓치고 있던 그 질문 하나가 당신 삶의 방향을 완전히 바꿔놓을지도 모른다.

이제 질문하는 삶 속으로 걸어가 보자. 질문이 우리 삶의 언어가 될 때 우리는 누군가와, 그리고 자기 자신과 깊이 연결될 수 있다. 그리고 그 연결은 당신을 더 단단하고 따뜻한 사람으로 성장시킬 것이다.

질문은 말보다 삶의 태도다

"질문은 단지 정보를 얻기 위한 수단이 아니라,
존재를 이해하려는 인간의 가장 근원적인 욕망이다."
― 마틴 하이데거 Martin Heidegger

교육자로서 많은 학생과 사람을 만나면서 나는 한 가지 질문을 반복하게 되었다.

"이 사람은 지금 '무엇'을 묻고 있는가?"

그러나 시간이 흐를수록 더 중요한 질문이 있다는 것을 알게 되었다.

"이 사람은 어떤 태도로 인생을 바라보고 있는가?"

왜냐하면 질문은 단순한 언어 기술이 아니라 삶을 대하는 방식 그 자체이기 때문이다. 우리는 살아가며 수없이 많은 질문을 듣고, 또 묻는다.

"오늘 뭐 했어?", "왜 그렇게 생각했어?", "이 문제의 답은 뭐야?"

하지만 그 대부분은 표면적인 질문, 혹은 정답을 끌어내기 위한 질문에 머물러 있다. 그러나 의미 있는 질문은 다르다. 그 질문은 삶을 대하는 '태도'에서 시작된다. 그리고 그 태도는 결국 관계를 이어주고 성장을 이끌며, 변화를 일으키고, 상처를 회복시키는 핵심 동력이 된다. 그리고 더 깊이 들어가 보면, 질문은 상대를 향한 것이면서 동시에 나 자신을 향한 것이기도 하다.

"나는 어떤 질문으로 내 삶을 바라보고 있는가?"

이 물음이야말로 우리를 한 단계 더 성숙하게 만든다.

✦ 질문은 사고의 출발점이다

고대 그리스의 철학자 소크라테스Socrates는 언제나 질문을 던졌다. 그는 제자들에게 "너는 너 자신을 아는가?"라고 물으며, 진정한 앎은 올바른 질문에서 출발한다고 믿었다.

소크라테스식 문답법은 단순히 지식을 끌어내기 위한 수단이 아니었다. 이는 사유의 방향을 바꾸고, 삶을 새롭게 바라보게 만드는 행위였다. 즉, 질문은 삶을 어떻게 이해하고 살아갈 것인가를 결정 짓는 인식의 출발점이었다.

이러한 통찰은 현대 인지심리학에서도 이어진다. 미국의 심리학자 제롬 브루너Jerome Bruner는 '학습은 좋은 질문에서 시작된다'고 강조하며, 질문이 인간의 사고 구조를 형성하는 핵심 도구임을 밝혀냈다. 결국 질문은 시대와 분야를 넘어 인간이 배우고 성장하는 가장 본질적인 방식이다.

✦ 질문은 감정과 관계의 문을 여는 태도다

대니얼 골먼Daniel Goleman이 말한 감성지능EQ은 단지 감정을 잘 다루는 능력이 아니다. 그것은 타인의 감정에 민감하게 반응하고, 그에 적절하게 대응하는 태도를 포함한다. 여기서 '질문'은 중요한 역할을 한다.

누군가가 "오늘 힘들었어?", "그 말을 들었을 때 어떤 기분이었어?"라고 묻는다면, 이는 단순히 정보를 얻기 위한 질문이 아니다.

상대의 감정에 접속하고, 그 마음을 진심으로 이해하려는 태도가 담겨 있는 것이다.

✦ 질문은 일상의 선택을 좌우하는 루틴이 된다

우리는 흔히 '선택하는 존재'라고 말한다. 그러나 실제로 그 선택을 이끄는 것은 우리가 평소에 반복하는 질문 루틴이다.

아침에 "오늘 무슨 일을 할까?"라고 묻는다면, 하루는 '해야 할 일' 중심으로 채워진다. 반대로 "오늘 나는 누구에게 따뜻함을 전할 수 있을까?"라고 물으면 그 하루는 '의미 중심'으로 달라진다.

심리학자 찰스 두히그Charles Duhigg는 『습관의 힘』에서 행동을 바꾸는 핵심은 루틴을 구성하는 '트리거'에 있다고 강조한다. 그리고 이 '트리거'를 작동시키는 가장 강력한 도구가 바로 매일 반복하는 자기 질문이다.

질문은 완성된 사람이 던지는 것이 아니다. 오히려 모르는 것을 인정할 줄 알고, 정답을 찾기보다 '듣고자 하는 마음'이 더 큰 사람만이 진짜 질문을 할 수 있다.

질문하는 태도란 내가 틀릴 수도 있음을 받아들이는 용기이자, 상대가 나와 다를 수 있음을 존중하는 자세다. 따라서 좋은 질문은 언제나 '여백'을 품고 있고, 그 여백은 상대의 마음이 스며들 수 있는 공간이 된다.

✦ 지금, 마음에 새겨야 할 문장

- 질문은 단지 말의 기술이 아니라, 세상을 해석하고 사람을 대하는 삶의 태도다.

> ▶ 오늘의 질문
>
> 당신이 오늘 던진 질문은 누군가를 향한 존중이었나요,
>
> 아니면 단지 확인이었나요?

2

하루를 여는 질문, 하루를 닫는 질문

" 삶은 하루하루 쌓여간다.
그리고 그 하루는 어떤 질문으로 시작하고 끝냈는가에 따라
전혀 다른 궤적을 그린다."
– 존 맥스웰John C. Maxwell

아침마다 가벼운 마음으로 하루를 시작하는 사람은 많지 않다. 눈을 뜨는 순간 밀려드는 해야 할 일들, 책임감, 피로, 그리고 반복되는 일상의 무게가 우리를 짓누른다. 나는 강의 현장에서 이렇게 묻곤 한다.

"오늘 하루, 어떤 질문으로 시작하셨나요?"

처음에는 어색해하던 사람들도 시간이 지나면 이렇게 고백한다.

"질문 하나 바꿨더니 하루가 달라졌어요!"

사실 하루를 바꾸는 힘은 거창한 계획이나 완벽한 실행에서 오지 않는다. 오히려 스스로에게 던지는 작은 질문 하나가 삶 전체의 분위기를 바꾸어 놓는다.

✦ 아침 질문이 하루의 '사고 방향'을 결정한다

하버드대 심리학 연구소는 매일 아침 의식적으로 질문하는 습관이 있는 집단과 그렇지 않은 집단을 나누어 6개월 동안 정서 안정감, 업무 성취감, 관계 만족도를 측정했다. 결과는 분명했다.

질문 루틴을 가진 집단이 스트레스 대응력, 회복탄력성, 인간관계 만족도에서 모두 더 높은 성과를 보였다. 그 이유는 단순하다. 질문이 뇌의 전두엽을 활성화시켜 주의를 능동적으로 '선택'하게 만들고, 하루를 보다 의미 있게 설계하도록 돕기 때문이다.

"오늘 무엇을 해낼까?"
　이 질문은 '성과' 중심의 하루를 만든다.

"오늘 누구에게 따뜻한 말을 건넬까?"
　이 질문은 '관계' 중심의 하루를 만든다.

　이처럼 아침의 질문은 단순한 말이 아니라 뇌의 인식 틀을 정하는 결정적 장치다. 그리고 이 작은 습관이 쌓일 때, 삶 전체의 궤적이 달라진다.

✦ 저녁 질문은 '자신과의 관계'를 회복하는 시간

　많은 사람은 하루를 피로 속에서 마무리한다. 그러나 '질문이 있는 저녁'은 다르다. 내가 강의에서 자주 제안하는 루틴 중 하나가 바로 이것이다.

"오늘 내 안에서 가장 강하게 일어난 감정은 무엇이었나요?"
"나는 오늘 누구에게 어떤 말을 남겼나요?"
"나는 나 자신에게 충분히 친절했나요?"

이 질문들은 단순한 호기심이 아니라 자기 성찰이자 감정을 정리하는 도구로 작동한다. 실제로 심리치료에서도 '자신의 감정을 글로 적어 정리하는 일기 쓰기'는 우울과 불안을 완화하는 데 효과적이라는 연구가 다수 보고되고 있다.

　감정노동에 지친 직장인, 육아로 힘든 엄마, 진로 고민에 빠진 20대 청년들에게도 이러한 질문은 하루를 마무리하는 회복의 열쇠가 된다. 작은 질문으로 하루를 정리하는 습관이 쌓일수록 그것은 삶 전체를 지탱하는 내적 힘으로 자리 잡는다.

✦ 하루의 질문은 '기억'이 아닌 '의미'를 남긴다

　질문으로 하루를 정리하는 사람은 하루하루를 단순한 기억의 조각이 아닌 의미의 단위로 구성한다. 같은 하루를 살아도 "오늘 왜 그렇게 실수를 했을까?"라는 질문과 "오늘 실수는 나에게 무엇을 가르쳤을까?"라는 질문은 삶의 질을 전혀 다르게 만든다.

　이러한 질문은 단순한 사고의 습관을 넘어 지속적인 정체성 성찰로 이어진다. 그 과정에서 자존감과 자기 효능감은 자연스럽게 높아진다. 좋은 질문은 나를 단단하게 세우는 일상적인 훈련이 된다.

✦ 하루 질문 루틴 만드는 법

시간대	질문	효과
아침	"오늘 내가 가장 중요하게 여길 감정은?"	정서 인식 및 방향 설정
출근길	"오늘 누구와 어떻게 연결되고 싶은가?"	관계 중심 사고
점심 전후	"내 에너지를 지금 어디에 쓰고 있나?"	자기조절 인식
퇴근길	"오늘 어떤 말이 나를 힘들게 했나?"	감정 해석력 향상
자기 전	"오늘 내가 놓친 감정은 무엇이었을까?"	감정 정리, 회복

이 루틴은 단순하지만 꾸준히 반복할수록 질문이 삶을 리드하는 방식으로 바뀌는 전환점을 만들어낸다. 작은 질문 하나가 쌓여 인생의 방향을 바꾸는 힘이 된다.

✦ 지금, 마음에 새겨야 할 문장

- 삶을 바꾸는 것은 거창한 계획이 아니라, 하루를 여닫는 작은 질문이다.

> ▶ 오늘의 질문
>
> 당신의 오늘을 이끈 질문은 무엇이었나요?
>
> 그리고 내일은 어떤 질문으로 하루를 시작하고 싶나요?

질문은 나를 확장하는 거울이다

"질문은 당신의 내면을 비추는 거울이며,
그 거울을 마주하는 용기가 자아를 확장시킨다."
― 마샤 리넌 Marcia L. Reinan

사람들은 흔히 '좋은 질문'을 상대를 위한 도구라고 생각한다. 그러나 사실 질문이 가장 먼저 비추는 대상은 '나 자신'이다. 질문은 나를 깨우고 확장시키는 가장 정직한 거울이다.

몇 달 전, 중장년층을 대상으로 한 인문학 강의에서 인상 깊은 장면을 마주했다. 수업이 끝난 뒤, 한 수강생이 이렇게 물었다.

"선생님, 저는 왜 제 인생에서 늘 '죄송합니다'라는 말을 달고 살았을까요?"

그 말은 단순한 회고가 아니었다. 그 질문은 자신을 다시 정의하고, 지금까지의 삶을 새로운 눈으로 바라보게 하는 출발점이었다. 그리고 무엇보다 그 질문을 던진 순간, 이미 변화는 시작되고 있었다.

✦ 질문은 '정체성'을 재구성하는 힘이다

우리는 종종 '나는 누구인가'라는 질문 앞에서 멈칫한다. 그러나 이 질문은 고정된 정답을 요구하지는 않는다. 오히려 지금의 나를 다시 해석하고 성찰하게 만든다.

"나는 누구인가?"
"나는 무엇을 중요하게 여기는 사람인가?"
"나는 어떤 삶을 선택해 왔고, 앞으로 어떤 삶을 살고 싶은가?"

이 질문들은 시기에 따라 달라질 수 있다. 그렇기에 질문하는 사람은 끊임없이 변하고, 확장되며 성장할 수밖에 없다. 실제로 하버드대학교의 '자기 인식 훈련 프로젝트' 연구에 따르면, 삶을 주기적으로 질문하는 사람은 그렇지 않은 사람보다 자존감, 회복탄력성, 그리고 삶의 통제감이 더 높게 나타났다. 질문은 단순한 호기심이 아니라, 삶을 스스로 읽어내는 힘이 된다.

한 지방자치단체에서 중장년층을 위한 생애 설계 워크숍을 진행한 적이 있다. 50~60대 참가자들이 퇴직 이후의 삶을 고민하며 모였고, 그날의 첫 번째 질문은 매우 단순했다.

"당신은 어떤 사람입니까?"

참가자들은 멋쩍게 웃으며 대답을 망설였다. 대부분은 자신을 직업이나 가족 내 역할로 설명했다.
"○○건설에서 근무했습니다.", "세 아이의 엄마입니다."
그들의 정체성은 과거에 머물러 있었다.
"남들에게 보여 주는 정체성이 아니라, 자신에게 던지고 싶은 질문은 무엇인가요?"
그러자 한 오십 대 여성이 눈물을 흘리기 시작했다.
"저는요, '내가 뭘 좋아하는 사람일까?' 그 질문을 한 번도 해 본 적이 없어요."

그 눈물은 질문이 건드린 깊은 감정이었고, 그녀에게는 '진짜 나'를 마주하는 첫 순간이었다.

최근 상담을 받은 삼십 대 여성도 비슷했다. 그녀는 늘 "죄송해요", "제가 잘못했죠?"라는 말을 반복하며 자신을 작게 만들었고, 타인의 시선과 판단에 지나치게 민감하게 반응했다.

"지금 당신 안에서 가장 큰 목소리를 내는 감정은 무엇인가요?"
"그 감정은 언제 처음 생겼나요?"
"그때의 당신에게, 지금 뭐라고 말해 주고 싶으세요?"

이 질문들은 단순한 상담 질문이 아니었다. 그녀가 자신의 내면을 처음으로 꺼내어 감정을 말로 정리하며, '나의 역사'를 다시 이해해 가는 여정이었다.
3개월 후, 그녀는 이렇게 말했다.

"요즘은 죄송하다는 말보다 '이건 내가 선택한 감정이에요.'라고 말할 수 있어요."

질문이 그녀를 바꾼 것은 아니다. 질문은 단지 그녀가 자신을 다시 만나도록 안내했을 뿐이다. 그리고 그 순간부터 그녀의 삶은 새로운 방향으로 나아가기 시작했다.

✦ 정체성 확장을 위한 자기 질문 리스트

주제	질문
감정 인식	지금 내가 가장 자주 느끼는 감정은 무엇인가요? 그 이유는 무엇일까요?
가치 재발견	나에게 중요한 가치는 무엇인가요? 그것은 어떤 경험에서 생겼나요?
나의 강점	나는 어떤 상황에서 가장 나다워지고 빛나나요?
전환의 순간	내 삶의 가장 중요한 전환점은 언제였나요? 그때 무엇을 배웠나요?
관계 이해	누구와 함께 있을 때, 가장 나답게 느껴지나요?
자기 회복력	"내가 가장 잘 극복해 낸 순간은 언제였고, 어떻게 견뎠나요?

이러한 질문을 매일, 혹은 주 1회라도 자기 자신에게 던지는 사람은 지금의 나를 재구성하고, 다음의 나를 설계할 수 있다.

질문은 나를 흔드는 것이 아니라 오히려 다시 세우는 도구이며, 동시에 나를 지키는 가장 깊은 대화가 된다. 그리고 이러한 대화가 쌓일수록 우리는 더 단단한 자기 자신으로 성장하게 된다.

✦ 지금, 마음에 새겨야 할 문장

- 질문은 나를 다시 보게 하고, 내가 몰랐던 나를 만나게 해 주는 정직한 거울이다.

> ▶ 오늘의 질문
> **당신은 오늘 어떤 질문을 통해 내 안의 새로운 나와 마주했나요?**

질문으로 성장하는 사람들의 패턴

"질문은 정답을 위한 것이 아니라,
성장을 위한 것이다."
– 존 듀이 John Dewey

 질문은 단지 누군가에게 무언가를 묻는 행위가 아니다. 질문은 생각을 움직이고, 감정을 흔들며, 나와 세상을 다시 바라보게 만든다. 그리고 그 질문을 삶의 루틴처럼 사용하는 사람은 '성장의 패턴'을 가진 사람이다.
 대화나 수업 중에 유독 빠르게 성장하는 사람들이 있다. 그들을 유심히 살펴보면 한 가지 공통점이 있다. 그들은 끊임없이 자신에게, 상대방에게, 상황에 질문한다. 무언가를 단순히 알기 위해서가 아니라 더 깊이 연결되고 이해하기 위해서다. 그들의 질문은 사고방식을 넓히고 관점을 확장하며, 무엇보다도 자기 자신을 새롭게 살아가도록 이끈다.

"성장하는 사람은 어떤 사람인가?"

이 물음의 답은 지식이 많은 사람도, 특별한 능력을 가진 사람도 아니다. 공통점은 단 하나, 바로 자기 자신에게 질문하는 사람이었다. 성장하는 사람은 외부의 평가보다 내면의 목소리에 더 자주 귀 기울인다.

그 목소리는 '지금 나는 어떤 생각을 하고 있는가?', '내가 정말 원하는 방향은 무엇인가?'와 같은 질문에서 시작된다.

그들은 경험에서 멈추지 않고, 그 경험을 돌아보는 질문을 통해 경험을 통찰로 바꾼다. 실수에서 질문을 찾고, 갈등 속에서 새로운 길을 묻는다. 그래서 비슷한 상황이 다시 찾아와도, 그 안에서 발견되는 의미는 결코 같지 않다.

질문이 삶의 패턴이 된 사람은 질문의 방향이 바뀐다. 초기에는 '왜 이런 일이 나에게 벌어졌을까?'라는 '원인' 중심의 질문에서 시작하지만, 점차 '이 경험을 내가 어떻게 받아들이고 활용할 수 있을까?'로 옮겨간다. 실제로 한 직장인은 해고된 후 몇 달 동안 자신에게 끊임없이 물었다.

"왜 나만 이런 일을 겪어야 하지?"

그러나 시간이 지나고 상담을 통해 그는 질문을 바꾸기 시작했다.

"내가 놓친 것은 무엇이었을까?"
"이 시간을 통해 나는 어떤 선택을 할 수 있을까?"

질문이 바뀌자 그의 행동도 달라졌다. 결국 그는 더 만족스러운 커리어로 전환하는 데 성공했다. 질문은 감정의 흐름도 바꾼다. 감정이 지배하는 순간, 사람은 질문을 멈춘다. "왜 나만?", "어떻게 이럴 수가 있어?"라는 질문은 실제로 답을 찾기 위한 것이 아니다. 그것은 오히려 상처를 곱씹게 하고, 피해 의식을 강화할 뿐이다. 하지만 감정을 지나 더 멀리 바라보는 질문은 다르다.

"이 감정이 말해 주는 나의 욕구는 무엇인가?"
"이 감정을 건강하게 처리하기 위해 어떤 선택이 필요할까?"

이런 질문을 던지는 사람은 감정을 억누르거나 회피하지 않는다. 오히려 그 감정을 성장의 자원으로 바꾼다. 질문은 감정의 방향을 전환하고, 그것을 '깊은 이해'로 이끄는 도구가 된다.

실패와 실수를 어떻게 대하느냐도 결국 질문에 달려 있다. 한 삼십 대 여성은 이직한 직장에서 첫 발표 후 혹평을 받았다. 대부분이라면 좌절하거나 회피했을 상황이었다. 그러나 그녀는 멈추지 않고 자신에게 물었다.

"나는 무엇을 놓쳤던 걸까?"
"이 경험은 나에게 무엇을 말해 주려는 걸까?"
"이 상황에서 배울 수 있는 것은 무엇인가?"

그녀는 스스로 던진 질문을 기록하며 피드백을 꼼꼼히 분석했고, 동료들과의 커뮤니케이션 방식도 바꾸기 시작했다. 몇 달 후, 같은 자리에서 다시 발표했을 때, 훨씬 더 큰 신뢰와 지지를 얻을 수 있었다. 질문은 단순히 실패를 복기하는 수단이 아니라, 실패를 성장의 설계도로 바꿔주는 힘이 되었다.

성장하는 사람은 질문하는 사람이다. 질문은 내면의 자동화된 반응에서 벗어나게 하고, 감정에 휩쓸리지 않도록 하며, 행동을 선택적으로 바라보게 만든다. 심리학자 대니얼 시겔Daniel Siegel은 이렇게 말한다.

"자기 성찰이 가능한 뇌는 외부 자극보다 내부 동기를 따라간다."

질문 없는 성찰은 존재하지 않는다. 그러므로 질문하는 사람은 곧 자신을 조율할 줄 아는 사람이다. 질문이 습관이 되면 인생의 무게중심이 바뀐다. 질문을 루틴화한 사람은 더 이상 외부 환경이나 타인의 말에 쉽게 휘둘리지 않는다. 그들은 자신이 던지는 질문에 따라 사고하고, 결정하며, 행동한다. 이러한 사람은 다음과 같은 특징을 지닌다.

- **정체성의 주도성:** 나는 누구인가?'를 끊임없이 갱신한다.
- **감정 조절 능력:** 감정에 압도되지 않고, 감정을 해석하는 질문을 던진다.
- **관계 내 성숙도:** 갈등의 순간에도 '지금 필요한 것은 무엇인가?'를 묻는다.
- **행동의 유연성:** 선택을 위한 질문을 통해 새로운 가능성을 발견한다.

심리학자 캐럴 드웩은 성장 마인드셋의 핵심이 '나는 이걸 어떻게 배울 수 있을까?'라는 질문에 있다고 강조한다. 질문은 단지 인식을 위한 도구가 아니라, 태도를 결정하는 기준이 된다. 결국 성장은 능력의 문제가 아니라, 자기 자신에게 어떤 질문을 던지느냐의 문제다.

✦ 지금, 마음에 새겨야 할 문장

- 성장하는 사람은 언제나 질문으로 삶을 정리하고, 다시 시작하는 사람이다.

> ▶ 오늘의 질문
> 지금 내 안에 가장 강력한 질문은 무엇인가?
> 그 질문은 나를 어디로 이끌고 있는가?

질문 루틴 & 7일 챌린지 실천 노트

"질문은 삶의 방향을 되돌리는 작은 핸들이다."
— 마리 루틴 Marie Lutin

질문은 단순한 의사소통의 수단이 아니다. 질문은 생각을 구조화하고, 감정을 명료하게 하며, 관계의 흐름을 새롭게 정돈하는 힘을 가진다. 하버드대학교 교육대학원의 심리학자 로널드 하이페츠 Ronald Heifetz 는 리더십 강의에서 이렇게 말했다.

"답을 아는 사람보다 좋은 질문을 던지는 사람이 결국 방향을 제시한다."

오늘날 우리는 원하는 정보를 단 몇 초 만에 검색할 수 있는 시대에 살고 있다. 그러나 그 정보의 바다에서 방향을 결정짓는 것은 정확한 답이 아니라 '올바른 질문'이다. 질문은 내 사고의 방향을 정하고, 감정의 뿌리를 비추며, 관계의 질을 새롭게 만드는 내면의 나침반이다. 그리고 이 나침반을 어떻게 사용하느냐에 따라 삶의 길은 전혀 다른 풍경으로 펼쳐진다.

✦ 실생활에서 발견한 질문의 힘

사례 ① — "나를 화나게 만든 건 정말 그 사람이었을까?"

40대 중반의 한 초등학교 교사는 최근 학부모와의 갈등으로 지쳐 있었다. 어느 날, 회의 직후 한 학부모가 불쑥 다가와 말했다.

"선생님이 우리 아이를 차별하는 거 아니에요?"

그 말은 그에게 큰 상처를 남겼고, 이후에도 마음을 다잡지 못한 채 동료들에게 몇 차례 하소연을 했다. 그러나 감정은 좀처럼 가라앉지 않았다. 그러다 그는 자신에게 질문을 던졌.

"내가 정말 화가 난 이유는 무엇일까?"

곰곰이 돌아본 끝에 그는 깨달았다. 화의 원인은 학부모의 말 자체가 아니라 '나는 좋은 교사가 아니라는 평가를 받는 게 아닐까.'라는 두려움이었다. 이어서 던진 또 다른 질문은 방향을 바꾸어 놓았다.

"나는 어떤 교사가 되고 싶은가?"

이 질문은 그의 시선을 '왜'라는 방어에서 '어떻게'라는 성장의 방향으로 전환시켰다. 그는 이후 먼저 대화를 시도했고, 오해는 풀렸으며 학부모와의 관계도 이전보다 한층 나아졌다.

→ 질문은 감정의 방어막을 걷어내고, 자기 성찰로 이끄는 시작점이 된다.

사례 ② — "일과 관계 중 지금 내가 지켜야 할 것은 무엇일까?"

중소기업의 한 팀장은 성과 압박 속에서 점점 날카로운 사람이 되어갔다. 사내에 새로운 평가 시스템이 도입된 이후, 그는 늘 비교당하고 있다는 불안에 휩싸였고, 그 불안은 팀원들에게 향하는 언어와 표정에까지 드러나기 시작했다. 어느 날, 그는 자신에게 물었다.

"나는 지금 무엇을 지키고 있는가?"
"나는 내 팀을 이끄는 사람인가, 아니면 성과만을 만드는 사람인가?"

그 질문은 그를 다시 중심으로 되돌려 놓았다. 성과도 중요하지만, 그보다 지속 가능한 팀워크와 신뢰가 더 본질적이라는 사실을 되새긴 것이다. 그는 이후 팀원들과 '정서 리포트'를 나누며, 함께 감정을 기록하고 공감하는 루틴을 만들기 시작했다. 작은 변화였지만 분위기는 서서히 달라졌다.

사례 ③ — "나는 왜 그 말에 상처를 받았을까?"

오십 대 후반의 한 여성은 딸과의 갈등으로 상담을 받았다.

어느 날, 딸은 통화 중 퉁명스럽게 말했다.

"엄마는 맨날 똑같은 얘기만 하잖아."

그녀는 그 말에 깊은 상처를 받고 하루 종일 마음이 무거웠다.

"정말 정성을 다해서 키웠는데 너무 섭섭했어요."

그러자 상담가는 이렇게 질문했다.

"딸의 말 중에서 가장 아프게 들린 단어는 무엇이었나요?"

그녀는 잠시 침묵하다 답했다.

"'맨날'이라는 말이요. 제가 지루하고 의미 없는 사람처럼 느껴졌어요."

이어진 질문은 그녀를 깊은 자각으로 이끌었다.

"그 말이 왜 그렇게 아프게 느껴졌을까요? 그 말이 당신을 어떤 사람처럼 느끼게 했나요?"

그 순간, 그녀는 자신의 내면 깊숙이 숨어 있던 두려움과 마주했다.

'나는 점점 쓸모없는 존재가 되어간다.'

그 두려움이 딸의 말 한마디에 온통 걸려 있었던 것이다. 상담이 끝날 무렵 그녀는 차분히 말했다.

"이제는 딸에게 화내기 전에 제게 먼저 물어보려 해요. '나는 지금 어떤 인정이 필요했을까?'라고요."

→ 질문은 상처의 원인을 타인에게 돌리기보다 나의 내면에서 찾도록 도와준다. 그 순간부터 관계는 회복되기 시작한다.

✦ 질문은 심리적 회복을 돕는 실질적 도구다

심리학자 필립 잰벨Philip Zanvel의 연구에 따르면, 일주일에 3회 이상 자기 질문을 글로 기록하는 사람은 그렇지 않은 사람보다 스트레스 대응력이 38% 높았다. 또한 UC버클리 상담학부의 연구에서도 흥미로운 결과가 나왔다. '질문 일기'를 쓴 그룹은 6개월 후 우울감이 28% 줄었고, 삶의 만족도는 무려 32%나 증가한 것이다.

이 두 연구는 단순히 '질문하기'가 아니라, 질문을 글로 기록하는 습관이 개인의 정서와 삶의 질을 근본적으로 바꿀 수 있음을 보여준다. 작은 질문 하나가 쌓여 일상의 태도를 바꾸고, 결국 삶 전체의 무게를 가볍게 만들어주는 것이다.

→ 질문은 감정을 정돈하고, 자기 효능감을 회복시키는 '비약물성 심리 기술'이다.

✦ 질문 루틴을 위한 5가지 유형

① 감정 인식형 (내면을 들여다보는 질문)

- 지금 내 감정은 어떤 색깔을 띠고 있을까?
- 이 감정은 예전 어떤 사건이나 기억과 연결되어 있을까?
- 나는 이 감정을 있는 그대로 받아들이고 있을까?
- 이 감정을 자주 느끼는 상황에는 어떤 공통점이 있을까?

② 관계 공감형 (상대를 이해하는 질문)

- 지금 당신은 어떤 기분인가요?
- 내가 놓치고 있는 당신의 감정은 무엇일까요?
- 그 말을 들었을 때, 당신 마음엔 어떤 파장이 일었나요?
- 지금 내가 당신에게 줄 수 있는 가장 따뜻한 말은 무엇일까요?

③ 자기 성찰형 (나를 깊이 이해하는 질문)

- 나는 어떤 순간에 '내가 살아 있다'고 느끼는가?
- 내가 정말 중요하게 여기는 삶의 가치는 무엇인가?
- 지금 나는 어떤 원칙에 따라 결정하고 있는가?
- 나는 내 생각보다 타인의 반응에 더 집중하고 있진 않은가?

④ 관계 회복형 (갈등을 푸는 질문)

- 지금 내가 가장 불편함을 느끼는 대상은 누구인가?
- 내가 먼저 다가가기 위해 꺼낼 수 있는 말은 무엇일까?
- 이 갈등을 통해 내가 바라고 있는 건 무엇일까?
- 이 관계를 회복하기 위해 나는 어떤 변화를 시도할 수 있을까?

⑤ 미래 확장형 (가능성을 여는 질문)

- 나는 앞으로 어떤 방식으로 일하고, 살아가고 싶은가?
- 어떤 일을 할 때 시간 가는 줄 모를 만큼 몰입하게 되는가?
- 최근 나를 성숙하게 만든 경험은 무엇이었나?
- 내 삶에서 일과 관계, 쉼의 균형은 어떤 모습이길 원하는가?

- 1년 뒤, 지금의 나에게 어떤 질문을 해 주고 싶을까?

✦ 7일 질문 챌린지 플랜

질문 루틴은 감정과 생각을 정리하고, 삶의 방향을 다시 세우게 한다. 아래의 7일 챌린지를 따라 하루에 하나씩 자신에게 질문을 던져보자.

요일	오늘의 질문	실행 방법	기록 예시
월요일	오늘 나는 누구를 가장 많이 생각했는가?	노트에 이름과 이유 적기	엄마, 걱정돼서
화요일	오늘 내가 피하고 싶은 감정은 무엇인가?	감정 적고 이유 쓰기	답답함, 할 일이 많아서
수요일	오늘 나는 어떤 말에 가장 흔들렸는가?	대화 재구성	"이건 네 책임이잖아."
목요일	지금 나는 누구에게 고마운가?	짧은 메시지 작성	동료에게 감사 문자
금요일	이번 주 내가 가장 자랑스러웠던 선택은?	결정 기록하기	회의 때 반대한 일

토요일	나는 지금 무엇을 배우고 싶은가?	관심 분야 적기	감정 코칭
일요일	다음 주, 나는 어떤 마음가짐으로 시작하고 싶은가?	한 문장 선언	"나는 여유 있게 시작할 거야."

매일 한 줄이라도 기록해 보자. 친구나 가족과 함께 '질문 챌린지'를 진행해도 좋다.

✦ 지금, 마음에 새겨야 할 문장

- 질문은 답보다 더 오랫동안 나를 움직인다.
- 질문하는 사람은 결국 변화하는 사람이다.

> ▶ 오늘의 질문
>
> 당신은 오늘, 어떤 질문으로 하루를 닫고 싶은가?
> 그 질문은 당신을 어디로 이끌고 있는가?

에필로그

"말과 대화는 닮았지만 같지 않다. 말은 소리를 내어 흘러가지만,
대화는 그 소리 속에서 마음을 머물게 한다."

나는 이 단순한 차이를 알기까지 참 오랜 시간이 걸렸다. 강의와 상담, 수많은 만남 속에서 느낀 것은 하나였다.

사람들은 무수히 많은 말을 하지만, 정작 그 말속에서 '진짜 나'와 '진짜 너'는 자주 잊히곤 한다는 사실이다. 말은 오가지만 마음은 서로 빗나가고, 정보는 넘치지만 감정은 고립된다. 그래서 우리는 흔히 이런 말을 한다.

"분명히 말을 했는데, 왜 통하지 않았을까?"

이 책을 쓰기로 마음먹은 것은 바로 그 '통하지 않음'에 대한 안타까움 때문이었다. 무수한 말들 가운데 얼마나 많은 말이 진심을 담고 있는지, 그리고 그 진심은 또 얼마나 자주 상대의 마음에 닿는지를 묻고 싶었다.

어느 날, 바쁜 하루 끝에 아이에게 무심코 "왜 또 그러니?"라는 말에 아이의 표정이 굳어졌다. 문제가 된 것은 그 말이 아니라 말 뒤에 깃든 '의도 없는 반사적 말투'였다. 그날 이후 나는 다짐했다. '말하는 부모'가 아니라, '질문하는 부모'가 되자. 그래서 바꿨다.

"왜 그래?" 대신 "오늘은 어떤 기분이었어?"
"또 그러니?" 대신 "오늘은 뭐가 제일 좋았어?"

이 작은 질문 하나가 아이의 마음을 열어주었다. 그리고 그 문을 통해 다시 웃음과 대화가 들어왔다. 나는 그때 알았다. 좋은 질문 하나가 관계를 살린다는 것을.

지금 우리는 AI와 함께 살아가는 시대에 있다. AI는 놀라울 만큼 빠르고, 정확하며, 때로는 인간보다 더 따뜻한 말투를 흉내 내기도 한다. 그러나 내가 분명히 느낀 것은 이것이다.
아무리 정교하고 유창한 언어를 구사해도, 그 말에는 살아 있는 '진심'이 없다는 것을.

AI는 정보를 기억하고 정리할 수는 있지만, 사랑하거나 용서하거나 상처받을 수는 없다. 질문을 던질 수는 있지만, 그 질문으로 관계를 회복시키거나 성장으로 이끌 수는 없다. 그래서 나는 다시 묻는다.

"기술의 시대에 인간만이 할 수 있는 대화는 무엇인가?"

이 물음은 나를 심리학과 뇌과학으로, 공감과 경청의 언어로, 그리고 질문과 감정의 세계로 이끌었다. 글을 쓰는 시간은 곧 나 자신을 되돌아보는 성찰의 시간이었다.

이 책을 쓰는 동안 내가 가장 많이 떠올린 사람은 바로 '당신'이다. 관계 속에서 상처받고도 여전히 마음을 내어주려는 사람, 사랑하는 이와 거리를 좁히고 싶은 사람, 혼자 있는 순간에도 누군가와 진짜로 연결되고 싶은 사람, 그리고 무엇보다 자기 자신과 다시 연결되고 싶은 사람. 나는 그런 당신에게 말하고 싶다.

말은 배웠지만 우리는 대화를 배운 적이 없다. 질문은 정보를 묻기 전에 마음을 여는 열쇠다. 진짜 대화는 나와 타인을 있는 그대로 품는 감정의 다리다.

이제 책장을 덮기 전, 작은 제안을 하고 싶다. 오늘을 질문으로 마무리해 보는 것이다.

"오늘 나는 어떤 말로 누군가를 웃게 했는가?"
"나는 어떤 말로 누군가의 마음을 닫게 했는가?"
"그리고 오늘, 내 마음은 누구에게 가장 닿고 싶었는가?"

이 질문을 자기 자신에게 던지는 순간, 당신은 더 이상 말만 하는 사람이 아니다. 당신은 이제 대화하는 사람, 연결을 선택하는 사람, 관계의 온도를 회복하는 사람이다.

우리는 모두 더 나은 대화를 갈망한다. 누군가와 진심으로 이어지고 싶고, 누군가의 마음을 어루만지고 싶다. 그러나 그 시작은 언제나 거창하지 않다. 작은 말투의 변화, 사소한 질문 하나가 길을 연다.

그래서 이 책이 끝나는 지금, 나는 당신에게 단 한 줄의 질문을 남긴다.

"지금 당신의 질문은 누구의 마음을 향하고 있나요?"

그 질문 하나가 당신의 하루를 바꾸고, 누군가의 마음을 열어주는 따뜻한 시작이 되기를 바란다. 그리고 언젠가, 당신이 던진 그 질문이 또 다른 누군가의 삶을 밝혀주는 등불이 되기를 바란다.